本书获得国家社科基金一般项目"美国无人海洋技术对我国国家安全的挑战与对策研究"（23BGJV80）的资助

INTERNATIONAL DISPUTE SETTLEMENT

国际争端解决法

刘丹 著

上海交通大学出版社
SHANGHAI JIAO TONG UNIVERSITY PRESS

内容提要

"治国者,必以奉法为重。"大国外交必重国际法。和平解决国际争端既是第二次世界大战后《联合国宪章》提倡和推崇的解决国际争端的宗旨,也是我国处理国际关系和外交实践中的重要指导方针。本书分为四编:第一编是国际争端解决中的政治或外交方法;第二编是法律方法;第三编是联合国和区域争端解决;第四编是新类型的争端和中国的国际争端实践。本书各章主要包括以下内容:国际争端解决的主要类型和主要争端解决机构;国际法院的组成和管辖权;《联合国海洋法公约》的强制争端解决程序;国际贸易争端;联合国以及区域组织争端解决机制;新类型的国际争端;中国的国际争端解决实践。

图书在版编目(CIP)数据

国际争端解决法 / 刘丹著. -- 上海 : 上海交通大学出版社,2024.12 -- ISBN 978-7-313-31833-6

Ⅰ. D815

中国国家版本馆 CIP 数据核字第 20242ZZ356 号

国际争端解决法

GUOJI ZHENGDUAN JIEJUEFA

著　　者:刘　丹			
出版发行:上海交通大学出版社		地　　址:上海市番禺路 951 号	
邮政编码:200030		电　　话:021 - 64071208	
印　　制:苏州市古得堡数码印刷有限公司		经　　销:全国新华书店	
开　　本:710 mm×1000 mm　1/16		印　　张:13.75	
字　　数:203 千字			
版　　次:2024 年 12 月第 1 版		印　　次:2024 年 12 月第 1 次印刷	
书　　号:ISBN 978 - 7 - 313 - 31833 - 6			
定　　价:58.00 元			

前言
FOREWORD

党的十九大报告深刻指出"实现中国梦离不开和平的国际环境和稳定的国际秩序。"当今世界正处于大发展大变革大调整时期，和平与发展仍然是时代主题，世界多极化、经济全球化、社会信息化、文化多样化深入发展，全球治理体系和国际秩序变革加速推进。[①] 在此背景下，"定规则"成为各方塑造国际秩序的关键着手、国际争端解决的能力建设成为国际博弈的重要形式、加强涉外法治建设成为我国实现中华民族伟大复兴的重要一环。

随着我国国力的提升和全球治理的深度参与，我国所面临的国际争端已经不再局限于投资、经贸类争端，与中国有关的海洋、领土，甚至外层空间等领域的"新型"争端已成为我国国际法学界的重大课题。培养中国本土的涉外争端解决人才具有紧迫性和必要性。一方面，无论是各大专院校或研究机构的法科生，还是国际法理论和实务界，对国际争端的程序法和实体法基本培训的需求都十分迫切；另一方面，我国有关国际争端法的教材鲜见同时涵盖政治类争端或"新型"争端的全面教材，类似主题的外文教材也因较少涉及"中国问题"，在课堂教学中的"融入性"也不甚理想。

"治国者，必以奉法为重。"[②]大国外交必重国际法，推进中国特色的大国外交、推动建设人类命运共同体，离不开国际法人才的培养。[③] 从这个角度

---

① 中华人民共和国外交部条法司：《中国国际法实践案例选编》，世界知识出版社 2018 年版，第 8 页。

② （明）罗贯中：《三国演义》（第 96 回）。

③ 黄惠康：《中国特色大国外交与国际法》，法律出版社 2019 年版，"前言"。

看,研习国际争端解决法具有重大的意义。一是从教学角度看,本教材能够体现国际法专业领域的优势和特色,可用于国际争端解决法的课堂教学或模拟法庭辅助训练,有利于培养掌握国际规则和了解多种争端类型的涉外高层次法律人才;二是从维护国家权益角度看,本书是作者从事国际法的教学科研和决策咨询工作的总结,对于业界熟悉和运用国际法规则应对并参与解决多类型的国际争端具有重要的借鉴意义。

本书的体例安排主要包括导读、各章课程所涉的案例概要、课后思考题等。主要内容包括:涉及国际争端解决的类型和争端解决机构、国际法院的程序法与热点判例、《联合国海洋法公约》项下"强制争端解决程序"特征与经典案例、国际贸易争端(含国际仲裁和 WTO 争端解决机制)、联合国以及区域组织争端解决机制、新类型的国际争端、中国的国际争端解决实践等。

《联合国宪章》第 33 条第 1 款规定:"任何争端之当事国,于争端之继续存在足以危及国际和平与安全之维持时,应尽先以谈判、调查、调停、和解、仲裁(公断)、司法解决、区域机关或区域办法之利用,或各该国自行选择之其他和平方法,求得解决"。第 2 款规定:"安全理事会认为必要时,应促请各当事国以此项方法,解决其争端"。相应地,本书的主体结构相应分为四编:第一编(国际争端解决方法中的第一类)"政治或外交方法";第二编"法律方法";第三编"联合国和区域争端解决";第四编"新类型的争端和中国的国际争端实践"。

本书各章内容:绪论,包括争端类型及争端解决方法的历史演进;第一——四章考察解决争端的"政治方法",结合经典案例介绍调查、调解、调停等方式;第五章研究争端解决"法律方法"中的国际仲裁;第六章结合国际法院的经典案例和动态,介绍国际法院的管辖权等"程序法"问题;第七章涉及《联合国海洋法公约》的争端解决安排与经典争端;第八章介绍世界贸易组织关于争端解决的规定以及该机制的晚近发展;第九章联合国的争端解决安排和第十章区域组织,重点考虑政治制度的作用;第十一章分析新类型争端解决;第十二章结合涉及中国的多类型争端和当前的情势,介绍争端解决的现状和趋势。

本教材每章前设有导读,章末有思考题或参考案例,可帮助读者、教学者较易、较好掌握各章内容。

目录
CONTENTS

第一编　国际争端解决的政治方法

第二编　国际争端解决的法律方法

第三编　国际组织和区域组织的争端解决

第四编 新兴领域争端解决和中国的 争端解决实践

绪　　论

 导读

　　本章主要介绍国际争端解决的基本概况。除了从历史角度介绍和平争端解决如何发展为一项普遍性的义务之外，还介绍了国际争端的定义和原则，最后结合《国际法院规约》等国际法文件，侧重分析国际争端解决的几种方式。

一、和平解决争端的普遍性义务

　　争端是国际关系难以避免的一部分，正如人际关系中个人之间的纠纷无法避免一样。不论争端发生在国家之间还是邻里之间，一个颠扑不破的事实是：争端是人际关系日常生活的一部分，而问题的关键是如何解决争端。争端可以是"一项关于事实、法律或政策方面具体的不同意见，其中一方的诉求或主张被另一方所拒绝、反诉或者否认。"①从广义上看，不论持这种不同意见的主体是政府、组织、法人(公司)还是涉及自然人，国际争端都可能随时存在。如无特别说明，本书主要侧重主权国家之间，尤其是两个或两个以上国家之间的争端。

　　国际争端的产生与解决与国际法的产生是并行的。现代意义上的国际法可以追溯到 17 世纪，伴随其形成的既不是创立世界政府，也不是国家放弃使用武力。"国际法之父"格劳秀斯创立国际法学说的直接动因就是解决当时荷兰与葡萄牙之间围绕海洋自由而引起的争端。20 世纪以前，国际争端的解决通常由当事国通过磋商、谈判等外交方式解决，或者由双方同意的中

立第三方仲裁解决。① 然而,国际社会对于那些肆无忌惮地追求国家意志所产生的毁灭性后果仍记忆犹新。和平解决争端作为一项国际法上的普遍国际义务,最初见于 1899 年《和平解决国际争端的海牙公约》,②并在该公约的基础上建立了常设仲裁法院(Permanent Court of Arbitration)。常设仲裁法院成为第一个提供通过仲裁和其他和平方式解决国际争端的平台的常设政府间组织。③ 此后,新的国际争端解决机构不断涌现,例如联合国行政法庭、欧共体法院、欧洲人权法院、美洲人权法院、国际海洋法法庭、南斯拉夫问题国际刑事法庭、卢旺达国际刑事法庭、萨拉利昂特别法庭、世界贸易组织争端解决机构、国际刑事法院,等等。

在传统国际法中,国际争端解决的方式可以分为和平解决争端的方法和强制或武力的方法。强制或武力解决方法包括反报(retortion)、报复(reprisals)、平时封锁(pacific blockade)和干涉等,④也有一些西方国际法学者把战争和非战争武装行动列为强制解决方法。⑤ 和平解决争端的方法则指的是政治方法和法律方法,前者包括谈判与协商、斡旋与调停、和解或调解、国际调查等;后者是指仲裁(或公断)和司法裁判解决。⑥ 在特定情况下

---

① 张乃根:《国际法原理》,中国政法大学出版社 2002 年版,第 219—221 页。

② 《和平解决国际争端的海牙公约》1899 年 7 月 29 日签订,1900 年 9 月 4 日生效。荷兰政府为公约文本的保存国。截至 2023 年 8 月,共有 74 个缔约国。中国于 1904 年 11 月 21 日成为该公约的缔约国。http://verdragenbank. overheid. nl/en/Verdrag/Details/002330. html?expand-table=partijtabel,最后访问日期:2023 年 8 月 17 日。

③ 常设仲裁法院历史,http://pca-cpa.org/cn/about/introduction/history/,最后访问日期:2022 年 8 月 17 日。

④ 周鲠生:《国际法》(下册),武汉大学出版社 2007 年版,第 650—651 页;周忠海:《国际法》,中国政法大学出版社 2008 年版,第 517 页;杨泽伟:《国际法》,高等教育出版社 2011 年版,第 341 页;朱文奇:《国际法与国际争端解决》,中国人民大学出版社 2023 年版,第 254 页。

⑤ 王铁崖:《国际法》,法律出版社 1981 年版,第 453 页;I. A. Shearer. *Stark's International Law*. London. Boston: Butterworths, 1994, pp.441 – 471.

⑥ Malcolm N. Shaw. *International Law (fourth Edition)*. New York: Cambridge University Press, 2002, pp.720 – 728;周鲠生:《国际法》(下册),武汉大学出版社 2007 年版,第 650—651 页;周忠海:《国际法》,中国政法大学出版社 2008 年版,第 515 页;杨泽伟:《国际法》,高等教育出版社 2011 年版,第 340 页;贾兵兵:《国际公法:和平时期的解释与适用》,清华大学出版社 2015 年版,第 409 页;朱文奇:《国际法与国际争端解决》,中国人民大学出版社 2023 年版,第 256 页。

允许使用武力曾经被视为国际法强制力的重要体现。如今,现代国际法仍然包括使用暴力手段的合法性空间,但和平解决国际争端已经成为一项国际法基本原则,只有在符合国家基本要求的前提下才能使用暴力手段。①

和平解决争端的方法(或"非强制解决争端的方法")经历了较长的发展过程,到19世纪末,属于此类方法的主要指向的还只包括谈判、斡旋、调停和仲裁。1899年,第一次海牙会议创立了国际调查委员会解决争端解决的方法;第一次世界大战前夕,通过美国国务卿布赖恩和一些国家签订的《布莱恩和平条约》,创立了常设调查委员会制度;1922年成立的国际常设法院标志着国际争端司法解决制度的确立;1928年《日内瓦和平争端解决总议定书》进一步规定了由争端当事国双方组织或常设的和解委员会解决争端制度。第二次世界大战(简称二战)后,随着和平解决国际争端基本原则的确立,国家间遇到的国际争端都应以和平方式解决。根据《联合国宪章》和1970年《国际法原则宣言》等重要法律文件的规定,和平方法包括谈判、调查、调停、和解、仲裁(公断)、司法解决、区域机关或区域办法之利用,以及各该国自行选择的其他和平方法。② 如今,和平解决争端已经成为国家间的一项普遍性义务。③

二、争端的定义与类型

究竟什么是"国际争端",这在国际法上并无定论,但从国际司法机构的角度看,这是个事实判断的问题。按照1924年国际常设法院在"马弗罗马提斯特许权案"的判决中所作的解释,国际争端(international dispute)是"两个主体之间关于法律上或事实上论点的分歧,法律上的见解或利益的矛盾对

---

① 朱文奇:《国际法与国际争端解决》,中国人民大学出版社2023年版,第254页。
② 周忠海:《国际法》,中国政法大学出版社2008年版,第518页。
③ 应强调的是,这一普遍性义务的内容在于强调"和平"解决争端,而非"解决"争端。国家间存在争端是常态,是否采取某种方式解决是国家自身的选择,国际法没有规定必须解决现有争端,它所关心的是解决的方法必须是和平的,从而排除武力解决争端的做法。参见贾兵兵:《国际公法:和平时期的解释与适用》,清华大学出版社2015年版,第410页。

立。"①在 1951 年的"和平条约解释咨询案"中,国际法院指出国际争端的存在是个事实判断的事项,并做出了以下论断。②

> "是否存在国际争端是一个事实判断问题。仅凭对争端存在与否进行否认并不能证明其不存在……如果(争端)双方对有关条约义务的执行或未予执行持相反的观点,那么面对这样的情况,法院必须判定国际争端已经产生。"

根据引发国际争端产生的不同原因,国际争端的基本类型可以分为法律争端、政治争端、事实争端和混合性争端四大类。

(一) 法律争端

法律争端是争端当事国以国际法为依据来主张其法律权利的争端类型。由于它往往通过仲裁或司法程序的方式解决,因此又称为"可裁判的争端"(justifiable dispute)。关于法律性质争端的具体类别,国际法上并无明确的规定。《国际法院规约》③第 36 条第 2 款用列举的方式列出了以下争端:条约之解释;国际法之任何事实之存在,如经确认即属违反国际法义务者;因违反国际义务而应予赔偿之性质和范围。这些法律性质的争端虽然在国际法实践中极为常见,但并非法律性质争端的全部。因此,法律性质的争端是以国际法为依据的有关权利义务的争端,而这类争端可以通过裁判得到解决。④

(二) 政治争端

政治争端是由于政治利益冲突而产生的争端,争端当事国往往不可或不愿诉诸法律方法解决,又称为"不可裁判的争端"(non-justifiable dispute)。这类争端涉及国家领土主权、国家独立等极为重大的事项,一般由当事国直

---

① Mavrommatis Palestine Concessions Case. P. C. I. J. Series A, No.2, 1942, p.111.
② Interpretation of Peace Treaties. Advisory Opinion: I. C. J. Reports, 1950, p.65.
③ 《国际法院规约》的中文本,参见 https://www.un.org/zh/about-us/un-charter/statute-of-the-international-court-of-justice,最后访问日期:2024 年 6 月 1 日。
④ 王虎华:《国际公法学》(第 4 版),北京大学出版社 2015 年版,第 519 页。

接协商,通过政治或外交方式处理。

(三) 事实争端

事实争端是国家间因为事实问题的分歧产生的争端。这类争端一般可以通过设立"国际调查委员会",并采用公平调查的方式查明事实真相,进而解决争端。例如在 1904 年的"多格滩事件"(Dogger Bank incident)中,俄国波罗的海舰队开赴远东途中因误认为英国的渔船船队里藏有日本的鱼雷艇而进行炮击,造成英国渔船损失。两国在 1904 年通过协议设立 5 人调查委员会,对英国渔船中是否藏有日本水雷艇的事实进行调查。1905 年 2 月调查委员会提交调查结果,证明俄方判断错误,由俄国向英国赔偿损失。①

(四) 混合性争端

在国际关系实践中,有不少争端既有政治争端的成分,又包括法律争端的因素,属于混合性质的争端。这类争端既可以用政治或外交方法解决,也可以通过法律手段处理,有时甚至需要政治与法律方法并用才能解决,②例如 20 世纪 70 年代的"英法大陆架划界案"中,在 1977 年 6 月仲裁庭作出裁决以前,其部分问题已经通过外交谈判得到解决。③

从整体看,在国际争端的具体实践中法律争端与政治争端并非泾渭分明,往往表现为含有政治因素的法律争端或者含有法律因素的政治争端。在大国政治主导的国际秩序中,主权国家之间的争端通常受到国际政治因素的影响。由于所有国际争端或多或少地涉及国家的政治利益,带有一定的政治色彩,因此,有学者倾向于认为"不存在所谓纯法律的争端。"④

---

① Peter Schneider. Dogger Bank Incident. *Encyclopedia of Dispute Installment*, Vol.10, 1987, p.131.

② 杨泽伟:《国际法》,高等教育出版社 2011 年版,第 340 页。

③ 曹建明、周洪钧、王虎华:《国际公法学》,法律出版社 1998 年版,第 629 页。

④ 江河、郑实:《南海争端和平解决的路径冲突及其化解:以国家主权的双重属性为框架》,《政法论丛》2017 年第 5 期。

三、和平解决国际争端的方法

国际争端不可避免,关键在于如何解决。国际争端区别于私人之间的争端解决,方法的选择或恰当与否与国家本身的考量紧密相关。[①] 在人类的漫漫历史长河中,人们对于诉诸武力或暴力解决争端的例子可谓习以为常,但使用武力给人类社会造成的巨大灾难也使各国意识到有必要寻求和平而非暴力的方式解决国家之间的冲突和纠纷。和平方法主要是指各国用非武力的方式解决争端。由于现代国际法禁止各国以武力作为解决国家间争端的手段,因此和平解决国际争端作为国际法的一条基本原则被确立下来。[②]

二战后,由于《联合国宪章》明文规定以和平方式解决国际争端的国际法原则,和平解决国际争端因此成为国际法的重要领域之一。联合国的诸创始会员国在《联合国宪章》[③]第 2 条第 3 款中同意"各会员国应以和平方法解决其国际争端,避免危及国际和平、安全及正义"。《联合国宪章》第六章"和平解决争端"共有 6 条,其第 33 条第 1 款规定:"任何争端之当事国,于争端之继续存在足以危及国际和平与安全之维持时,应尽先以谈判、调查、调停、和解、仲裁(公断)、司法解决、区域机关或区域办法之利用,或各该国自行选择之其他和平方法,求得解决。"第 2 款规定:"安全理事会认为必要时,应促请各当事国以此项方法,解决其争端"。1970 年,联合国大会在援引《联合国宪章》第 2 条第 3 款后作出决议并公开宣告:国家应当寻求谈判、调查、调停、调解、仲裁、司法解决、求诸区域性机构或安排,或者该国自行选择的其他和平方法,及时公正地解决各国之间的国际争端。[④] 和平解决国际争端的普遍

---

① 周鲠生:《国际法》(下册),武汉大学出版社 2007 年版,第 795—796 页。

② 朱文奇:《国际法与国际争端解决》,中国人民大学出版社 2023 年版,第 254 页。

③ 《联合国宪章》于 1945 年 6 月 26 在旧金山签署。《联合国宪章》中文文本,参见《联合国宪章》(全文),http://org/zh/about-us/un-charter/full-text,最后访问日期:2023 年 8 月 17 日。

④ Declaration on Principles of International Law Concerning Friendly Relations and Co-operation among States in Accordance with the Charter of the United Nations. UNGA Resolution A/RES/25/2625, 24 October 1970, https://www. un-documents. net/a25r2625. htm.

义务同样也得到 1982 年《马尼拉和平解决争端宣言》[①]的确认。

从上述国际法基本文件的规定看,国际争端解决方式大致可以分为三大类:一是政治或外交解决的方式,包括谈判、调查、调停与和解;二是法律方法解决,包括仲裁和司法解决;三是区域组织或安排,或其他当事国自行选择的其他和平方式。这三大类和平解决国际争端的方式因而也成为本书讨论的主要内容。《联合国宪章》第 33 条强调当事国发生争端时应当"首先"寻求这三类和平的方式以解决争端,当然,联合国安理会在必要时也可以促成争端的解决。第 33 条提供的方式可以看作国际法范围内可供选择的争端解决方式的清单,实践中存在着使用条约交叉引入这一条的做法,赋予之特定条约下的法律意义。[②] 这些和平解决国际争端的方法应如何使用? 这些问题是本书所探讨的主题。

思　考　题

1. 在当代国际法的语境下,和平解决国际争端为什么是国家的一种义务?

2. 国际争端的存在为什么是一个事实判断的问题,而非其他?

3. 学理上,法律争端和政治争端存在哪些区别? 二者在国际实践中又是否存在泾渭分明的差别?

4.《国际法院规约》第 33 条提供了哪几类国际争端解决的方法?

---

① 《马尼拉和平解决争端宣言》1982 年以联合国大会决议 37/10 的形式在纽约通过。United Nations. *Manila Declaration on the Peaceful Settlement of International Disputes.* https://legal.un.org/avl/ha/mdpsid/mdpsid.html.

② 例如《联合国海洋法公约》第 279 条,参见贾兵兵:《国际公法: 和平时期的解释与适用》,清华大学出版社 2015 年版,第 409—410 页。

第一编

国际争端解决的政治方法

第一章　争端解决的政治方法：
谈判与磋商

 导读

　　无论采取哪种形式，谈判都是国际争端解决中至关重要的部分。谈判（negotiation）不仅是解决争端的一种方法，而且是预防争端产生的策略。争端的另一种预防形式是磋商（consultation）。本章主要介绍这两种属于争端解决和争端预防类型的方式。

第一节　谈判的历史发展、
类型及形式

　　1970年，联合国大会在援引《联合国宪章》第2条第3款后作出决议并公开宣告："国家应当寻求谈判（negotiation）、调查（inquiry）、调停（mediation）、调解（conciliation）、仲裁（arbitration）、司法解决（judicial settlement）、求诸区域性机构或安排，或者该国自行选择的其他和平方法，及时公正地解决各国之间的国际争端。"

　　决议的这一规定"模仿"了《宪章》第33条第1款，虽然各种和平解决争端的方法并没有优先适用顺序，但首先提到的方法——谈判是处理各种国际争端的基本方法。实践中，各国或争端方运用谈判的频率比使用其他各种方法的总和还要高，甚至有时争端方倾向于只使用谈判这一种方法，这并不仅因为使用谈判并获得成功的概率很高，而且因为争端当事方相信谈判有巨大的优势,足以排除使用其他的方法。

一、谈判的发展与类型

古代国际交往中已经出现外交谈判解决争端的方法,近代外交谈判也形成了一套比较固定的程序,现代许多重要的国际公约都规定谈判是争端解决的首要方法。除《联合国宪章》之外,1907 年《海洋和平解决国际争端公约》、1919 年《国际联盟盟约》、1928 年《日内瓦和平解决国际争端总议定书》、1963 年《非洲统一组织宪章》等国际法律文件都作出了类似的规定。

谈判根据参加国的数量可以分为双边谈判和多边谈判。参加谈判的代表由有关国家任命,国家一般指定驻外使节或者组织特别使团进行谈判。有关国家重大利益的问题则由外交部长、政府首脑甚至国家元首担任谈判代表。此外,谈判也可以通过口头或书面方式分为口头谈判或书面谈判。口头谈判是由当事国代表进行的直接谈判;书面谈判则由有关国家通过互致照会或信件的形式进行谈判。[①]

二、谈判的形式

国家之间的谈判通常通过"正式的外交途径"进行,也就是通过各国的外交官员或者外交代表来进行。在外交实践中较为常见的有:首脑会议、联合委员会和临时委员会等形式。首脑会议(两国政府首脑或外交部长)的优点是能够"绕开"复杂的官方程序,提高领导人威望,但可能激化原本就存在且各自难以放弃的立场之间的冲突;联合委员会由双方对等数量的代表组成,著名例子是 1909 年设立的"美国—加拿大国际联合委员会",自设立后处理了大量有关工业发展、空气污染和一系列涉及边界的重大问题;临时委员会中典型的如"拉努湖案"中的"法国—西班牙工程师委员会"。

在某个国际组织进行的争端讨论是否可以等同于传统的外交谈判,这是

---

① 周忠海:《国际法》,中国政法大学出版社 2008 年版,第 518 页。

个典型的法律问题。在"西南非洲案"（South West Africa case）中，1960 年
11 月 4 日，原国联会员国埃塞俄比亚和利比里亚就关于西南非洲委任统治
的继续存在以及南非作为委任统治国的职责和行动的案件，在国际法院对南
非提起诉讼。它们请求国际法院作出判决，确定西南非洲是在南非委任统治
下的领土，南非继续负有委任统治的义务包括关于联合国监督职能的义务，
而且有义务提出关于该领土的年度报告和转递该领土的居民向联合国大会
的请愿书。南非在初步异议中认为，该国和申请国——埃塞俄比亚、利比亚
之间的任何争端都不在国际法院的管辖权（《西南非委任统治协定》第 7 条）
范围内，因为相关事实并没有表明争端不能通过谈判解决。国际法院驳回了
南非的异议，理由是在联合国就西南非洲问题进行的广泛讨论构成了有关争
端的讨论，其中涉及南非和申请国的参与，这些讨论因陷入僵局而结束表明，
该争端已经不能通过谈判解决。

国际法院的斯潘德（Spender）法官和费茨莫里斯（Fitzmaurice）法官联合
发表了反对意见。他们认为，在联合国所发生的事实不构成《西南非洲委任
统治协定》第 7 条所指的谈判："限定在联合国大会范围内的谈判由以下内容
构成：成员国的主张、联大决议以及联大根据该决议采取的行动、否认成员
国的主张、拒绝遵从决议或拒绝根据决议采取的行动。在联大进行这样的谈
判并不足以证明法院的裁决——争端已不能通过谈判解决——合理，由于当
事国之间不曾举行过直接的外交对话，所以国家在外交层面解决争端的尝试
从未进行过"。

国际组织为某些类型的国际争端公开讨论提供了平台，然而这在多大程
度上可将类似的交流视为传统形式谈判的替代方法仍是个问题，司法机构在
处理它与对应的政治机构关系的过程中，必须将该问题当作其中的一部分加
以解决。

第二节 磋商的含义与实践

当一国政府预见到某一决定或行动方案可能会损害另一国利益时，若该

国创造协调、调整该决定或行动方案的机会与受影响国进行商议,则就有可能防止争端的发生,即对该国计划进行相对较小的"修正"可以避免将来的麻烦。磋商的特殊价值在于在恰当的时机("生米煮成熟饭"前)向对方提供有用的信息,因为在决策阶段进行必要的修改要比决策做出之后进行修改容易得多。①

"磋商"在中文论著还译为"协商",作为争端解决的一种方法,磋商形成的时间并不长。传统国际法并不认为磋商作为一种单独方法的存在,而往往将其包括在谈判之中。二战以前,各国很少签订关于以磋商方式解决争端的条约或协定。《联合国宪章》第 33 条中也没有关于以协商解决争端的规定。从 20 世纪 50 年代开始,协商作为外交谈判的一种特殊方式在国际实践中得以运用并得到重视。②

1953 年,中国政府在和平解决朝鲜问题的政治会议的声明中建议,政治会议应采取由朝鲜停战双方在其他有关国家参加之下共同磋商的方式,而不是停战双方单独谈判的方法,因此中国政府主张的磋商方法不同于一般外交谈判的方法:首先,磋商不受双方的限制,要求扩大磋商的成员;其次,磋商相关会议的表决程序和决议,以及议事规则的确定都按照"协商一致"的原则处理。中国政府在和平共处五项原则的基础上与有关国家进行磋商,顺利解决了有关边界或国籍方面的争端。③

20 世纪 70 年代美国和加拿大在反垄断程序中的实践极好地体现了磋商的价值。有学者对此评述称:"诚然,一国反垄断官员可以断然拒绝对其行动计划进行任何形式的修改,然而实际情况往往是反垄断官员最终同意对其计划进行某种程度的修改。经过磋商,双方同意以互相较少冒犯的方式将相应的修改形成起诉书,以改变反垄断调查的基本规则,即规定只有证人'自愿的'证词或者政府官员主动发起调查或诉讼才能使反垄断被调查方得到相关

---

① [英]J.G. 梅里尔斯:《国际争端解决法》,韩秀丽等译,法律出版社 2013 年版,第 3 页。

② 周忠海:《国际法》,中国政法大学出版社 2008 年版,第 518 页。

③ 周忠海:《国际法》,中国政法大学出版社 2008 年版,第 519 页。

案件调查进度的通知，并允许被调查方发表意见。"①

实践中有不少涉及义务性磋商的实例，即如果在磋商中强调需要获得另一国的同意，有时甚至可能是一国的法律义务，但这容易走向一个极端，因为此时受影响的一国对计划中的行动享有否决权，典型的例子是法国和西班牙之间的"拉努湖案"（Lake Lanoux case）。该案中，西班牙主张根据习惯国际法和两国之间的条约，法国实施利用比利牛斯山某一河流的水电计划有义务获得西班牙的同意。虽然仲裁庭驳回了西班牙的主张，但是仲裁庭认定法国有义务与西班牙就可能影响后者利益的水电项目进行磋商。在"马来西亚和新加坡的围海造地案"（land reclamation case，参见本章参考案例）②中，磋商扮演了三重角色：首先，为马来西亚最初的主张提供了依据；其次，构成了临时保护措施命令中过渡性框架的一部分；最后，成为终局性解决方案的重要组成部分。

不管是自愿性的还是义务性的，执行行政决策的磋商往往比执行立法决策的磋商要容易，因为行政决策的磋商通常不像立法决策那么严格且集中，但是立法行为也会引起国际争端，因此旨在达到和磋商同样效果的程序也能发挥同样有效的作用。还有就是给外国或利益相关方参与国内立法过程提供机会，这种方法是否可行，取决于该国的立法机制可参与的程度和争端方关系的友好程度。总之，磋商是避免国际争端的颇有价值的方法，其重要性在国际贸易和其他可能引起争端的领域（资源获取和环境保护）日趋重要。③

思　考　题

1. 谈判与磋商有哪些异同？

---

① B. R. Campbell. The Canada-United States antitrust notification and consultation procedure. *Can. Bar Rev.*, Vol.56, No.459, 1978, p.468.

② Cases concerning Land Reclamation by Singapore in and around the Straits of Johor (Malaysia v. Singapore). Provisional Measures Orders of October 2023, 126 ILR, p.487.

③ ［英］J.G. 梅里尔斯：《国际争端解决法》，韩秀丽等译，法律出版社 2013 年版，第 6—7 页。

2. 中国政府主张的磋商方法有哪些不同于外交谈判的特点？

参 考 案 例

1. "拉努湖案"(Lake Lanoux case)

拉努湖位于法国领土(比利牛斯-东方省)比利牛斯山脉的南坡。该湖由溪流汇聚而成(溪流只穿过法国领土),湖水通过一条溪流(Fontvive,同时也是卡罗尔河的源头之一)流出。卡罗尔河在流经距法国境内拉努湖约 25 公里后在普伊切尔达(Puigcerda)越过西班牙边境,继续在西班牙穿行约 6 公里,然后汇入塞格雷河,最终流入埃布罗河。在进入西班牙之前,卡罗尔河的水域是普伊格塞尔达运河(西班牙普伊格塞尔达镇的私有财产)。

法国和西班牙于 1866 年 5 月 26 日在巴约讷于 1856 年 12 月 2 日、1862年 4 月 14 日和 1866 年 5 月 26 日签署了关于管理共同使用水域的边界条约的附加文本。1950 年 9 月 21 日,法国电力公司向法国工业部申请将拉努湖的水改道至阿里耶日河。改道后的湖水将通过一条隧道将阿列日河和卡罗尔河与普伊格塞尔达运河上方的河流完全返回卡罗尔河。法国接受以下原则:改道的水必须归还,回水量应符合西班牙河岸用户的实际需要。

根据 1929 年 7 月 10 日法国和西班牙之间的《仲裁条约》,两国于 1956年 11 月 19 日在马德里签署了一项提交仲裁的协议(《马德里协定》)。据此,仲裁法庭在日内瓦举行会议就以下问题发表意见:"法国政府辩称在未经两国政府达成初步协议的情况下可以按照该项目规定的条件和《马德里协定》'序言'提及的法国拉努湖湖水的使用工程。那么,这是否将违反 1866 年 5月 26 日《巴约讷条约》和同日《巴约讷条约》附加文本的规定"? 法庭认为,法国的项目履行了《附加法》第 11 条的义务,法国在未经两国事先协议的情况下进行拉努湖水域使用工程,没有违反 1866 年 5 月 26 日《巴约讷条约》或《附加议定书》的规定。

就本案所涉及的法国和西班牙"义务性磋商"的性质,仲裁庭评述道:尽管不够确切,但仍有人谈及"谈判达成一项协议的义务。"实际上,国家因约定而承担义务的形式非常多,并且存在一个根据它们界定的方式和执行约定的程序而变化的范围,但因约定而承担义务的真实性却难以否认,如果发生以下情况还可能招致制裁:无正当事由中断商议、非正常延误、无视业已同意的程序、经常性地拒绝考虑对其不利的提议或利益等。其更为常见的是违反善意原则。[①]

2."马来西亚和新加坡围海造地案"

新加坡、马来西亚两国在地理、历史、血缘等方面关系十分密切,其仅相隔一条1400米宽的柔佛海峡。1966年两国划分了该水域的国际界限。自1965年新加坡在柔佛海峡一带围海造地,使其国土面积增加了100多平方公里。2000年6月,新加坡在柔佛海峡西面的大士进行填海工程,并于同年11月在柔佛海峡东面的德光岛开始填海工程。这种做法引起了邻国马来西亚的强烈不满,自2002年1月18日马来西亚多次向新加坡发出通告,抗议新加坡在马来西亚海域填海,但新加坡回应称该指责没有根据。2003年7月4日,马来西亚通知新加坡,马来西亚将根据《联合国海洋法公约》要求仲裁。同年9月5日,马来西亚向国际海洋法法庭提出临时措施的申请。

国际海洋法法庭在2003年10月8日对此案作出了判决。国际海洋法法庭全体23名法官判新加坡胜诉,直接驳回马来西亚要求阻止新加坡在柔佛海峡东面的德光岛和西面的大士地区进行填海工程的申请;裁决在新加坡、马来西亚针对填海争执寻求国际仲裁期间,可以继续进行填海工程。

国际海洋法法庭经审理认为:首先,新加坡、马来西亚两国尽快成立一个独立专家团,目的在于:① 两国必须在双方都同意遵守的条件下设立一个独立的专家团,立即研究新加坡填海工程所造成的影响,并且必须在法庭判决之后的一年内提交研究报告。一旦填海工程对周围的水域造成影响,有关报告也必须提出合理的解决方案,以解决这些问题。② 法庭谕令两国必须尽快准备一份中期报告,以汇报德光岛南端"D区"的填海工程情况。

其次,新加坡、马来西亚两国必须定期针对填海工程的进展交换意见,使双方能随时评估新加坡填海工程的风险和影响。

① 24 ILR, p.128; C. B. Bourne. Procedure in the Development of International Drainage Basins: the Duty to Consult and Negotiate. *Can. Yearbook Int. L.*, Vol.10, 1972, p.212.

再次,双方应履行本裁决中的义务,避免任何与积极履行义务相悖的行为。就德光岛填海工程的临时措施进行磋商,达成暂停或者调整填海工程的协议。法庭要求新加坡采纳独立专家团的建议,不能进行任何可能对马来西亚的权利造成不可弥补的损害以及对海洋环境造成严重破坏的填海工程。

针对新加坡、马来西亚的填海争执,全体法官一致裁决新加坡、马来西亚最迟必须在 2004 年 1 月 9 日根据《联合国海洋法公约》第 95 条第 1 节的规定,各自提交一份初步报告给国际海洋法法庭和国际仲裁庭。如果仲裁庭作出新的判决,则另当别论。

第二章　调停与斡旋

 导读

　　调停(mediation)和斡旋(good offices)这两种方法在实际效果上相近，在适用时都需要第三方的介入。第三方可以是个人或群体、某个国家或若干个国家、某个国际组织。第三方的作用是促使争端方达成解决方案，因此调停和斡旋的关键是当事方自主解决争端。本章重点介绍这两种争端解决方法，特别是调停在国际争端解决中的应用与发展。

第一节　调停与斡旋的发展及其异同

　　斡旋是和平解决国际争端的重要形式之一。就其含义而言，它是指第三方(国家、国际组织或个人)促使争端各方坐到或重新回到谈判桌边，而本身并不介入谈判过程的一种行为。《联合国有效调停指南》将调停描述为一种自愿过程，即"第三方在征得双方或多方同意的情况下，通过协助制定双方都能接受的协议，进而协助各方预防、管理或解决冲突"。①

　　斡旋往往涉及如下内容：① 促成争端当事各方开始接触，尤其是当它们之间外交关系破裂的时候；② 安排争端当事各方进一步谈判的程序；③ 在争端当事方之间传递信息；④ 履行应争端当事各方请求行使的其他职责。斡

---

　　① UN. Guideline for Effective Mediation. https://peacemaker.un.org/guidance-effective-mediation.

旋既可能是出于某第三方的主动,也可能是因为争端当事一方、双方或各方邀请。但是不论属于上述哪种情形,争端当事方的同意不可或缺。

进入 20 世纪,许多重要国际多边和双边条约把国家借助斡旋解决争端的义务载于条款之中,例如 1907 年的海牙《和平解决国际争端公约》(《海牙公约》)和 1948 年《美洲和平解决争端公约》(《波哥大公约》)等。在各种斡旋解决争端实例中总为人所提及的是 1905 年日俄争端。当时,俄国与日本经过较长时间的陆上和海上争斗之后,双方都有和谈愿望,但由于相互关系极不正常,彼此无法直接向对方提出进行接触的建议。经双方各自同意,当时的美国总统罗斯福充当了斡旋者角色。在罗斯福总统促使下,日俄展开谈判,最后缔结了《朴茨茅斯条约》。[①]

在帮助当事各方解决争端方面,作为"非法律第三方介入"程序之一的调停程序比斡旋更进一步。在运用调停以帮助解决争端的过程中,调停者不仅传递信息、促成争端当事各方进行谈判,而且直接参加它们之间的谈判,并给出合理建议,为解决争端找到理论和实践的基础,甚至其还力求保障最后达成的解决方案得到遵守。然而,不论是在和平解决争端的国际条约中,还是在国家运用和平方法解决争端实践中,斡旋和调停实施的程序一般都没有被明确地加以区分对待。原因在于,斡旋和调停作为和平解决争端程序有以下几方面的相同之处。首先,斡旋和调停的任务由与某争端及其当事方无关或没有特殊利益联系的第三方所承担;其次,二者在解决争端中的作用建立在争端当事各方同意的基础之上,解决争端协定达成与否的主动权最后还是掌握在争端当事各方手中;再次,斡旋和调停不妨碍争端当事各方的自由;最后,无论斡旋和调停成功与否,斡旋者或调停者的任务即告结束,充任斡旋者或调停者的第三方不承担任何法律责任。[②]

采用调停或斡旋在实践中并没有固定的限制,而二者的差别在于:斡旋是通过第三方向当事方施加影响,例如作为双方沟通的渠道,或者就双方进行实质性接触进行建议,而一旦接触发生,则第三方的作用就停止;调停则需

---

① 叶兴平:《和平解决国际争端》,法律出版社 2008 年版,第 153—155 页。
② 叶兴平:《和平解决国际争端》,法律出版社 2008 年版,第 155—156 页。

要第三方更积极地参与谈判。[①]

在 1899 年海牙和会之前,调停和斡旋作为和平解决国际争端的程序已有悠久的历史。1907 年的《海牙公约》规定:"各缔约国同意在诉诸武力之前,在情况许可范围内,要求一个或数个友好国家出面调停或斡旋",[②]并且与争端无关的第三国有权根据自己的意志向争端各方提供调停或斡旋。但该公约也明确,通过调停或斡旋解决争端的程序对争端各方只有建议性质而没有法律约束力。通常认为,《海牙公约》是最早概括性规定和平解决争端方法的一般性条约。[③]

1948 年《波哥大公约》在规定调停和斡旋方面有所进步,它进一步明确了调停和斡旋的实际含义,对二者进行了区别。[④] 此外,它还规定调停者或斡旋者不仅可以是美洲的国家或政府,而且可以是非争端当事方的美洲国家的"著名公民"。[⑤] 实践表明,《波哥大公约》作为一项区域性国际条约的意义已经超出美洲国家范畴,它对《海牙公约》的促进也得到了普遍承认。[⑥]

第二节　调停方与调停活动

"非法律第三方介入"程序的基本要素之一是争端当事各方必须同意在某项争端解决中得到来自第三方的援助。调停是"非法律第三方介入"程序的一种重要形式。在决定同意接受第三方调停时,争端当事方首先考虑的问题是调停者是否值得信赖以及由谁来充当调停者。

在不同的场合中,调停方的形象千姿百态,至于能否得到争端当事方的信赖则无法一概而论。

---

① 贾兵兵:《国际公法:和平时期的解释与适用》,清华大学出版社 2015 年版,第 413 页。

② 1907 年《和平解决国际争端公约》(中译本)第 2 条,参见叶兴平:《和平解决国际争端》,法律出版社 2008 年版,第 292—308 页。

③ 日本国际法学会:《国际法辞典》,世界知识出版社 1985 年版,第 566 页。

④ 1948 年《美洲和平解决国际争端条约》第 9 条。

⑤ 1948 年《美洲和平解决国际争端条约》第 11 条。

⑥ 叶兴平:《和平解决国际争端》,法律出版社 2008 年版,第 82—83 页。

第一,国际组织。对联合国和一些区域组织来说,解决争端是一项基本的组织目标,因此联合国(秘书长)和区域组织(及类似人物)常常致力于争端的调停。

第二,国家。鉴于调停活动有机会使调停者直接介入争端解决过程并影响其解决结果,因此,调停者对希望和平解决争端或为某一特别解决抱有兴趣的国家产生了吸引力。例如,在1965年印巴领土争端中,苏联就扮演了调停者的角色,在战争已经爆发的情况下,苏联的调停促成了双方的停火。借助调停者的身份扩大自身影响力的希望绝不仅限于大国,调停也为小国或者中等国家提供了机会,以改善它们与大国之间的关系,同时也保护这些国家在其他方面的利益。例如,在1980年美国和伊朗的外交人质争端中,阿尔及利亚始终扮演着斡旋和调停的双重身份,最终使在美伊朗财产问题经过复杂的谈判后得到了解决。争端的解决不仅提高了阿尔及利亚在美国人心目中的威望,而且解决了可能爆发的战争危机。①

第三,非政府组织。例如,国际红十字会(ICRC)虽力图避免卷入政治争端,但常介入武装冲突或被扣押人员待遇等引起人道主义问题的地方。②

第四,个人。个人充当调停者可以使调停过程更加灵活,可不受固定程式制约,省时、省力,并且在失败的情况下也不会影响任何政府的声誉。当然"个人"也不是指一般的个人,而主要是指那些名望地位卓著者。他们既可以是某国元首或政府首脑,也可以是著名的国际法学家和社会活动家,甚至还可以是宗教领袖。例如,1978年智利和阿根廷因"比格尔海峡案"(Beagle Channel)仲裁裁决的履行问题发生争端。为避免争端进一步升级并滑向战争,教皇任命安东尼奥·萨摩尔的红衣主教为调停者。他提出了一项争端建议并最终为两个争端国政府所接受。不过,如果个人调停者以其所服务的国家或国籍国作为其活动势力背景,或代表国家行使调停者职能,那么,这样的

---

① G. Sick. The partial negotiator: Algeria and the US hostages in Iran, 1966, in Touval and Zartman eds. *International Mediation in Theory and Practice*. Boulder: Westview Press, 1985, p.21.

② D. P. Forsythe. Humanitarian mediation by the International Committee of the Red Cross, in Touval and Zartman eds. *International Mediation in Theory and Practice*. Boulder: Westview Press, 1985, p.233.

个人调停者就应视为国家调停者。例如,柯西金代表苏联对印巴争端所进行的调停活动就是"国家调停者"的行为。相反,在 1982 年英国和阿根廷的马岛争端中,美国前国务卿亚历山大·黑格以个人名义行使调停者职责,他就属于"个人调停者"。

一般调停者介入一项争端解决往往出于自身利益方面的动机,这在国家调停者或以国家作为其势力背景的部分个人调停者身上表现得最为集中和突出。他们介入争端解决,或者是为了维持争端当事各方之间在争端发生之前所处的现实状态,或者是为了在一定程度上改变这种现实状态。当然,调停者介入争端的动机不是简单罗列就能够穷尽。一言概之,调停者动机的复杂性可以概括为:在同一性质的争端情势下,不同调停者介入其解决的动机可能会不同;而同一调停者在介入不同性质的争端解决时可能会有不同动机,所以与仲裁和司法解决不同,调停者的调停活动没有固定一成不变的模式,但只要是调停活动就少不了两项基本内容:在争端当事各方之间传递信息,以及积极参加谈判并在谈判中提出和平建议。

国际问题研究专家霍尔斯蒂将调停活动分为两个主要阶段。第一阶段,调停者并不直接介入基本谈判过程,而是采取行动以帮助争端当事各方开始或继续之间的直接接触,或者帮助他们履行已经达成的协议,在此阶段,调停者实际是在履行"斡旋者"职能。第二阶段是调停者参与争端当事各方之间的谈判。调停者首先要说服争端当事各方保持谈判继续进行。其次,调停者要阐明他对有关争端问题的理解,提出基本原则、程序,或者在正式谈判中可能利用的机制。另外,如果调停者为争端各方谈判进行所提出的程序性建议未遭反对的话,他将进一步提出解决争端的实质性建议。除上述调停活动的两个主要阶段外,调停者在有的争端解决过程中还会采取措施,以保障谈判达成协议执行,例如向争端当事各方施加某种压力。[①]

---

① 叶兴平:《和平解决国际争端》,法律出版社 2008 年版,第 160—163 页。

第三节　影响调停的因素和调停的局限性

1971 年,伦敦大学国际关系学教授 F.S. 诺西奇(F. S. Northedge)等对 1945 年以来的 50 项国际争端案件进行分析后发现,从与调停者关系角度可将这些争端大致分为四类:一是在其解决过程中完全没有适用调停程序的争端;二是第三方提供了调停,但最终没有被争端的一方或各方所接受;三是第三方提供了调停,当事各方接受调停但最终未获成功解决的争端;四是第三方不仅提供调停,而且得到当事各方接受而且获得成功。根据这项研究,在前两类争端解决过程中,第三方没有提供调停或提供了调停但遭受拒绝的主要原因是,这些争端涉及某些不轻易接受任何第三方提出解决条件的大国,以及争端当事方认为它们的争端纯属国内管辖权范围里的问题,例如 1948 年开始的南非种族隔离问题。而第三类争端未获解决,多半是因为在争端各方达成协议或执行协议阶段出现问题而通过调停得到了解决,或者是所涉问题不重要,例如 1954 年的特列斯特争端(Trieste Dispute),或者是由强大势力充当调停者,例如 1965 年印巴边界争端。[①] 可见,不论争端是否采用调停程序加以解决,或是调停程序是否成功地帮助解决争端,这些都受到各种复杂因素的支配或影响。

一般说来,一项国际争端是否适合适用调停程序需要具备以下基本条件:① 该争端相持长久且情况复杂;② 争端当事各方本身无力解决;③ 争端当事各方都不希望耗费人力财力并使争端升级;④ 争端当事各方愿意打破僵局,与对方进行接触和交流。[②]

调停是一种相对说来费时少、省力和不拘一格的"非法律第三方介入"程序,特别是因为担任调停使命的调停者一般具有高超的谈判沟通能力和多方面迅速而及时的信息资源,并且能够缓解或控制争端各方不良情绪和打破僵

---

① F. S. Northedge And M. D. Donelan. *International Disputes: The Political Aspects.* St. Martins Pr., 1971, p.300.

② 叶兴平:《和平解决国际争端》,法律出版社 2008 年版,第 164 页。

局,因此,调停能够帮助解决许多由谈判而不能成功解决的争端。但是调停在各种解决争端程序中并非最理想的争端解决程序,其局限性表现为:第一,调停与其他各种和平解决争端程序相比,适用的场合不多;第二,调停解决争端的成功机会较小;第三,调停程序的特殊之处在于为争端解决注入了新的要素且能较好地尊重争端当事方意志。但调停程序的局限性也正在于此。一方面,由于第三方介入,争端本身以及争端当事方在受到有益的新因素影响同时,也可能受到其他不利因素干扰;另一方面,由于调停活动全程必须得到争端各方同意,故调停者的能动性和实际所发挥的作用非常有限。

思 考 题

1. 斡旋和调停在解决国际争端方面有哪些异同?

2. 调停者在实践中都由哪些主体担任? 它们在国际争端解决中各有何优劣?

第三章　调　　查

导读

　　实践表明,调停与斡旋是有效解决当事方通过自己的力量无法解决国际争端时,可以选择的"非法律第三方介入"程序,但它们的职能仅在于促进当事方进行谈判或在谈判中向各方提出不具有法律拘束力的争端解决条件,而很多争端的症结是当事方在基本事实问题上存在根本性的分歧。在这方面,调查(inquiry)程序因其调查事实真相的使命而受到重视。调查主要针对的是由于事实方面的争端而进行的国际调查,包括查证事实、解决争端,它本质上是一种程序性的争端解决方法。此外,从制度层面看,调查涉及一种特殊类型的法庭——调查委员会,它是根据1899年《海牙公约》的规定引进的制度。本章侧重梳理调查制度在国际法上的演进过程,尤其是该方法"嵌入"国际条约的历史,同时引申出它的当代价值。

第一节　两个《海牙公约》与调查制度的产生

　　有关国际调查程序的条约规范最早见于两项《海牙公约》。作为和平解决争端的方法,调查首先是在1899年《海牙公约》中予以规定的,其第9条规定:"在遇到无关名誉或重大利益而起因于对事实之分歧的国际争端,"缔约国认为,"争端各当事方如果不能依外交手段解决,应于情势许可之限度内设立国际调查委员会,依公正调查,辨明事实问题,以求争端解决。"第10—14

条对调查委员会建立的问题作出了详细规定。

1899 年的《海牙公约》的通过,一定程度上受到了美国和西班牙之间"缅因号事件"的推动。1898 年 2 月 15 日,美国战舰"缅因号"停泊在古巴哈瓦那港时被炸沉,造成船长和全体船员在内的 259 人遇难。美国和西班牙当时的关系本来就紧张,于是,美国认定缅因号的灾难由西班牙一手操纵。西班牙否认是其所为,并成立了一个调查委员会,委员会认定爆炸是由战舰内部原因所致。但美国海军人员组成的调查委员会则认定,"缅因号"是被一枚潜艇水雷炸毁的,这证实了美国人的怀疑。虽然没有证据表明"缅因号事件"是美西战争的导火索,但是这起事件中的调查给 1899 年海牙和平会议的代表团留下十分深刻的印象,促使他们严肃对待国际争端中的事实调查问题。俄罗斯代表团提议,由国际调查团代替国家调查团对国际争端的事实和情况进行公正调查。会议吸收了各类国家的意见和建议,最后有关调查团的成立和运作等规定在 1899 年《海牙公约》中得到了体现。[①]

1907 年,第二次海牙和会汲取了两次会议期间国际调查的成功经验,在其修订的《第二海牙公约》中对调查程序作出了更加详细的规定,尤其强调国际调查委员会的任务在于调查案件情况,以及发表一个"限于说明事实"并且绝不具有"仲裁决性质的报告,"[②]把决定该报告具有何种效力的权力交给了争端当事各方。从整体上看,第二次海牙和会并未改变第一次海牙和会国际调查委员会制度的基本概念,但是在其修订的《海牙公约》中对该委员会活动程序和内容作出了更加详细的补充规定。原先《海牙公约》中有关国际调查委员会的规定仅占 6 条(第 9—14 条),而在 1907 年的《第二海牙公约》中相应规定就增加到 27 条(第 9—35 条)。新增加的条款主要涉及国际调查委员会聚会场所、顾问和代理人员任命、案件提交以及证据或证人审查等具体问题。经过第二次海牙和会的努力,第一次海牙和会确立的国际调查委员会制度得到了进一步完善。

---

① ［英］J.G. 梅里尔斯:《国际争端解决法》,韩秀丽等译,法律出版社 2013 年版,第 52—54 页。

② 1907 年《和平解决国际争端条约》第 35 条。

第二节　国际常设调查委员会

经过两次海牙会议后,调查一直是为各国和国际组织所承认和接受的解决国际争端的方法。国际调查需要建立国际调查委员会,一般由争端当事方协议产生。调查报告仅限于事实说明,由当事方决定采纳与否,在这一意义上,国际调查既是独立于其他和平解决争端的程序性方法,又是促进其他方法的从属性方法。[①]

国际常设调查委员会是调查程序的一种新形式,它是在美国与其他国家于1913—1940年以其国务卿布赖恩名字命名的在大量双边仲裁条约之上创建的。这些条约所包含的国际常设调查委员会及其制度设计,是对争端解决方法所必不可少的三项原则的一种承认:一是常设或永久委员会比那些临时机构,例如多哥滩(Dogger Bank)调查委员会拥有更大的优势;二是纳入调查的争端类型并不受限制;三是通过授权委员会提供建议,这类委员会将有助于解决争端。

历史经验表明,在解决争端实践中常设调查委员会的适用机会并不多,但是这一新形式的调查委员会具有不可忽视的理论价值,它代表了解决争端方法发展中一个重要的阶段。[②]

首先,国际常设调查委员会肯定了海牙公约确立的国际调查委员会若干本质性内容。例如,国际常设调查委员会的作用是对一切外交方法所不能调整而提交该委员会的争端进行有关事实调查,并做成一项可由争端当事方自行确定其效力且原则上没有法律拘束力的报告。又如,国际常设调查委员会实行5人制,既包括争端当事各方任命的本国国籍者,又包括其任命的第三国国籍者以及由上述被任命的各方所共同选出的第5位成员。

其次,国际常设调查委员会还在海牙公约国际调查委员会基础上作出了

---

① 张乃根:《国际法原理》,中国政法大学出版社2002年版,第225页。
② [英]J.G.梅里尔斯:《国际争端解决法》,韩秀丽等译,法律出版社2013年版,第61—62页。

一些突破:① 常设性委员会的形式比临时委员会更方便当事方在发生争端时加以利用;② 它既未限定调查的争端类型,也没有把有关国家荣誉和重大利益争端排除在调查委员会调查范围之外,使委员会得以服务于更多的争端;③ 在争端当事各方没有把争端提交调查解决时,它可以就和平解决争端程序提出建议,甚至自行进行调查;④ 它有在发表事实调查报告之前,使争端当事各方承担不从事敌对行为之义务的权能。另外,在部分情况下,它能够指示临时措施以保全争端当事各方的权利。①

第三节　有关调查的国际实践

理论上,虽然调查是现代国际法上和平解决争端的一种基本的政治解决方法,但是在实践中运用的机会并不多。在以下调查解决争端的案例中可以管窥其如何运作,以及如何在历史的长河中演进与发展。

一、"多哥滩事件"调查("Dogger Bank Incident" Inquiry)

1904 年 10 月 21 日,正值日俄战争期间,一支俄国舰队正由波罗的海开往远东,准备援助太平洋战区俄国军队,途中驶近多哥滩周边的英国赫尔渔船队。俄军指挥官以为遭遇日军鱼雷艇袭击,下令俄舰向该船队射击,结果1 艘拖网渔船中弹沉没,5 艘拖网渔船受损,另外还有 2 名船员死亡、6 名船员负伤回国。消息传到英国,人们纷纷表示要拦截驶向直布罗陀海峡而无视其过错的俄国舰队。英国政府也要求俄国道歉、赔偿损失和惩办暴行的主要责任者。俄国不同意英国政府的立场,认为这次事件是由于日本鱼雷艇迫近所造成的。

法国出面说服英俄两国同意建立一个与第一海牙公约精神相符的调停委员会。该委员会于 1904 年 11 月组成,包括当事双方的海军军官各 1 名,

---

① 叶兴平:《和平解决国际争端》,法律出版社 2008 年版,第 170—171 页。

以及来自法国、奥匈帝国和美国的委员各1人。根据1904年11月12日—25日在圣彼得堡签署的《英俄关于组建北海事件国际调查委员会声明》,多哥滩事件调查委员会的职能是"调查、报告争端当事方中的责任所在一方,以及在责任确定的情况下责任方所应负责之程度"。经过两个多月的努力,调查委员会终于在1905年2月公布调查报告。报告称,事件发生时并没有日本鱼雷艇在场,俄国舰队的射击行为不能认为是正当行为,俄国舰队指挥官应对此次事件负责。但是报告特别强调,调查委员会的调查结论并没有"玷污海军将官罗斯特杰斯特·文斯基或舰队的其他人员的军人品质或人道感的性质"。最后,俄国政府以赔偿65 000英镑了结了此次争端。

"多哥滩事件案"是适用第一海牙公约调查委员会解决国际争端的首次尝试。它的成功经验表明,尽管事实起因不同,各种争端仍有可能通过成立专门的国际调查机构得到解决。国际调查机构不同于仅涉及争端当事方自己的国内性质的调停机构,国际调查机构能够较为公正地对待争端事实,以调查发现的情况帮助澄清妨碍争端当事各方达成共识的复杂问题,从而在根本上避免争端升级。

二、"红十字军号"调查案("Red Crusader" Inquiry Case)

这是一起有关船舶和海洋争端的国际调查。1961年5月29日,一艘名为尼尔斯·埃布森号的丹麦渔业保护船在距离(丹属)法罗群岛附近海域发现英国拖网渔船"红十字军号"及其渔具。丹麦渔业保护船向"红十字军号"发出信号并在它的前方发放空枪,"红十字军号"拖网渔船被迫慢慢停了下来。丹麦指挥官指责拖网渔船在法罗群岛水域内非法捕鱼,命令它驶往Thondiavn,并派一名丹麦官员和一名信号员登上英国渔船。英国渔船在向Thomhavn方向行驶后转变航向试图逃走,紧追其后的丹麦渔业保护船开火。射击事件发生之时,英国渔船仍然在丹麦的领水范围之内。就在紧张事态继续加剧之际,一艘英国护卫舰赶到现场。三艘舰船一起驶向英国的阿伯丁。

经过丹麦和英国双方的外交努力,1961年11月15日成立了3名成员的调查委员会。这3名成员是来自比利时、法国和荷兰的国际法专家。委员会的职权范围是调查以下事项，并向丹、英两国政府进行报告：① 导致1961年5月29日英国拖网渔船遭受拘押的事实。"红十字军号"拖网渔船是在捕鱼，还是仅在两国相关协议附图（即1959年4月27日两国关于法罗群岛周围捕鱼协议的地图）上的"蓝线"内侧捕鱼而捕鱼设备没有及时回收。② 拘押的情势。③ 事件发生后以及"红十字军号"拖网渔船抵达阿伯丁之前的事实。[①]

"红十字军号"案的调查委员会在经过丹、英双方提交书面意见和在海牙的口头听证之后，提出了一份具有实质性内容的报告。在这份报告里面，调查委员会详细描绘了构成争端事件的各种事实情况。报告主要结论是：① 尽管"红十字军号"拖网渔船在捕鱼禁区内没有将渔具收起来，但是没有该船在这一区域内捕鱼的证据；② "红十字军号"拖网渔船确实突遭拘押，但其船民改变了主意，"试图逃跑和躲避起初已经接受了的某权力的管辖"；③ 在捕鱼船逃离之后，丹麦指挥官下令开火，"超出了合法使用武力的范围"，因为当时的情势并未证明这种暴力行为的正确性；④ 英国海军军官做出各种努力以避免丹麦船只和英国渔船之间的暴力发生，并且表现出了"无懈可击"的态度和行为。

"红十字军号案"的国际调查委员会是在调查程序正式确立的1899年近半个世纪之后建立起来的。相较此前解决争端实践中的多个调查委员会，该案调查委员会有几点值得注意的地方：首先，"红十字军号"争端调查委员会的决议以多数表决结果做出，程序上包括书面和口头调查两个方面，调查委员会做出的报告对争端当事各方具有终局性。其次，"红十字军号"争端调查委员会的组成也很特别。委员会的成员都是争端当事各方之外第三国人士，并且都是国际法专家，其中大多数是法官，但"红十字军号"争端调查委员会也是调查程序的一种工作形式，只是相对于其他调查程序形式而言涉及更多法律因素罢了。

---

① Exchange of Note of 15 November, 1961, para. (b), UKTS No.118, 1961 Cmnd. No.1575.

调查程序具有一般"非法律第三方介入"程序的共同弱点,即都有一种因国家主权因素而不为争端当事各方所乐意适用的倾向,尤其是在某一项争端并没有发展到事实上非经第三方介入解决不可的程度时情况则更为突出。据粗略统计,从1899年第一次海牙和会到1962年"红十字军号"调查案的60多年时间里,调查程序只被争端各方使用过5次。此后虽然各种各样的条约条款规定得更加详细,而且联合国决议也鼓励使用调查程序,但仅有少数案例。①

第四节　调查在当代国际法中的价值

既然调查程序这么灵活,那么,为什么没有得到广泛使用呢? 答案非常复杂。

首先,有一点比较容易被忽略,即有时没有必要成立调查团,因为可以对案件事实进行不同的解释,在这种情况下能够进行谈判。

其次,当需要进行调查时,有许多其他可行的方法而不用寻求海牙公约的调查机制。例如,1982年联合国安理会成立事实调查团调查发生在塞舌尔共和国由外国雇佣兵领导的政变。1984年,"两伊战争"中涉及化学武器的使用问题,联合国秘书长佩雷斯·德·奎利亚尔派遣了一支由瑞士、瑞典、西班牙、澳大利亚组成的专家组到前线调查情况,并向联合国报告。如今有许多其他方法替代传统的调查团,这也是采用调查程序的案例相对较少的另一个原因。

再次,更为根本的原因在于,第三方介入的争端解决方式并未如预期的那样得到争端各方的欢迎。与其他的争端解决方法例如司法解决相比,调查程序需要证明其更加具有吸引力。与解决争端相比,国家更喜欢让自己的意见压倒一切,例如KE007调查事件。

---

① ［英］J.G. 梅里尔斯:《国际争端解决法》,韩秀丽等译,法律出版社2013年版,第68页。

实践中,只有在某些特定条件下才有设立调查委员会的可行性:一是争议所关联的问题在很大程度上是事实问题而非法律或国家政策问题。二是没有同步进行的其他争端解决程序。最重要的是,当事国愿意接受调查后的事实甚至对其不利或其认为是错误的结果。[1] 这些条件一旦满足,国际调查在当代也能显现出解决国际争端的独特优势。

思 考 题

1. 在调查程序中,常设调查委员会有哪些优势?

2. 调查在国际争端的当代实践中是否仍然具有生命力?

参 考 案 例

"北溪-2"海底管道爆炸事件[2]

2002年9月,位于波罗的海的"北溪-1"和"北溪-2"海底输气管道在剧烈爆炸中多处受损。这两条跨境海底管道穿越俄罗斯、丹麦和德国三国领海以及五个国家(俄罗斯、芬兰、瑞典、丹麦和德国)的专属经济区,将天然气从俄罗斯输送到德国。事件发生后,没有任何国家或组织宣称对此负责。国际舆论普遍将"北溪"事件定性为"破坏行为",丹麦、瑞典、德国和俄罗斯在事发后都启动了国内调查。瑞典还在10月初公布初步调查结果,指出该事件属于"蓄意破坏"的嫌疑增大,并称"北溪-1"爆炸点位于瑞典领海和"国际水域"之间海域,瑞典的调查是根据国内法和《联合国海洋法公约》的规定对专属经济区内的爆炸事件行使管辖权。另外,联合国和欧盟要求开展调查的呼声也很高,俄罗斯则表示相关调查应在俄专家参与下进行。西方国家和俄罗斯都指责对方是"幕后黑手"。

因为涉及地缘政治和能源安全等复杂因素,"北溪"管道爆炸事件的调查

① [英]J.G.梅里尔斯:《国际争端解决法》,韩秀丽等译,法律出版社2013年版,第72页。

② 刘丹:《"北溪"事件的国际调查该如何开展》,《环球时报》2022年11月4日。

演变成一场"罗生门"。"北溪"管道爆炸事件以瑞典为代表的国内调查缺乏透明度和事件相关方的参与而广受诟病。

相较而言,国际调查具有如下优点:第一,国际性。这种调查是以多元化的国际调查团而非国家调查团的形式进行相对公正的调查。第二,专业性。调查团由专业人士组成,往往专注于处理事实问题而非法律问题。第三,灵活性。无论调查团的成立还是调查结果的执行都不具有强制力。国际调查的这些特点使其在调查客观事实和起因方面具有优势。

第四章　调　　解

 导读

调解(Conciliation)与其他解决争端程序例如仲裁或司法解决有着某种形式上的联系,但是,调解程序具有自己的特点。

第一节　调解程序的演进

国际法学会曾把调解定义为:调解是一种解决任何性质的国际争端的方法,通过当事方自行设立的常设或临时的委员会解决争端。委员会的职责是应当事方的请求,公正调查争端的事实,界定当事方易于接受的解决方案的条件或向当事方提出争端解决的建议。[①]

调解制度除了具有实际调查的任务之外,还有一种职能是提出对当事方不具有约束力的解决争端的建议。第一次世界大战之后,各国间缔结的调解条约多达数百项,包括1928年签署和1949年修订的《和平解决国际争端总议定书》《波哥大公约》《关于和平解决争端的欧洲公约》,以及1969年《维也纳条约法公约》和1978年《关于国家在条约方面的继承的维也纳公约》等多边条约。

《总议定书》是关于调解的代表性条约总议定书,第一章专门针对调解作

---

① 这一定义来自国际法学会《国际调解程序规则》第 1 条,参见 The Institute of International Law. *Regulations on the Procedure of International Conciliation*, 1961, https://www.idi-iil.org/app/uploads/2017/06/1961_salz_02_en.pdf.

出全面的规定。首先,它要求缔约国将"凡不能以外交方法解决"的各种争端提交和解程序;其次,就常设和特别调解委员会建立作出规定;再次,着重指出了调解委员会组成的方式和调解委员会处理争端的具体程序。根据规定,调解委员会由委员 5 人组成,在这 5 人中,当事双方各从其本国国民中提名 1 人,其余 3 人应由双方协议,委派第三国国民充任。除当事各方相反约定以外,调解委员会的决定须经多数通过。委员会只有当全体委员出席时才能就争端实质做出决定。《维也纳条约法公约》第 66 条和"附件"部分对有关条约的适用或解释提供了解决程序和使用方法。公约的"附件"特别就调解员名单确定、调解委员会工作程序和调解委员会所提出报告的性质作出了规定。

第二节　国际调解委员会

国际调解委员会是调解程序的一种工作形式。由于国际调解委员会由各种调查委员会制度发展而来,那么,调解是一种独立解决争端的程序吗?

关于这一问题,国际法学会(Institute of International Law)于 1961 年通过的《国际调解程序规则》(*The Regulations on the Procedure of International Conciliation*)中给出了提示。除了第 1 条对调解概念的权威解释之外,《国际调解程序规则》还规定,调解是解决国际争端的一种程序,由当事各方自己建立的常设或临时的调解委员会处理争端;[①]委员会的职能是应当事各方的请求对争端事实进行公正调查,并且明确限定了可为当事各方接受的解决争端条件,或向当事各方提出可由其自行决定其效力而原则上不具有法律拘束力的有关解决争端的建议。[②] 这些概括性的解释表明,调解与其他解决争端程序具有某种形式上的联系。

但是,调解程序具有自己折中的特点。首先,调解程序不同于调查程序。

---

① The Institute of International Law. *Regulations on the Procedure of International Conciliation*, 1961.

② Section 3, The Institute of International Law. *Regulations on the Procedure of International Conciliation*, 1961.

调解委员会在阐明事实之外,还对争端的解决提出条件或做出积极建议。其次,调解程序也不同于调停程序。调停涉及与当事各方无关的第三国代表、国际组织代表或知名人士,而调解经常由一个经争端各方及其之外若干方面人士所组成的独立机构而进行。最后,调解程序也不同于仲裁和司法解决程序。国际调解委员会所提出的解决争端的建议条件并不意味着争端当事各方有义务接受。因此,调解程序仍然是一种独立的解决争端程序。

作为一种独立的解决争端程序,调解见于一些国际条约或其他国际法律文件。例如 1928 年《和平解决国际争端总议定书》、1945 年《联合国宪章》、1949 年《和平解决国际争端修订总议定》、1957 年《关于和平解决争端的欧洲公约》和 1969 年《维也纳条约法公约》等。其中,《和平解决国际争端总议定书》和《和平解决国际争端修订总议定书》对调解程序作出了相似的规定。这两项总议定书对调解程序的实质性内容主要包括:第一,调解程序应适用于除依有关规定作出保留者之外的两个以上议定书的缔约国之间不能以外交方法解决的一切争端。第二,从事或进行调解解决争端工作的主体,应是由作为缔约国的争端当事各方自己组织的常设或临时调解委员会。调解委员会可以由 5 人组成,其中除了由争端当事方提名本国国籍者各 1 人外,另外 3 人包括委员会主席则由争端双方协议从第三国国民中产生,并且必须属于不同的国籍。第三,调解委员会的任务是弄清争端中的问题,为此需要采用调查或其他方法收集一切必要的情报,设法使当事各方达成协议,并且在审查争端事实后,应将其认为适合解决争端的条件通知当事各方,同时规定各方做出决定的期限。

法暹边界争端(French-Siamese disputes)就是采用调解委员会解决争端的典型案例。1947 年,当时的暹罗(泰国)基于宗教、地理和经济联系的原因声称其与法属印度支那间的边界应该变更,法国表示反对。后来,两国达成一项协议,决定建立调解委员会以解决分歧。该委员会由 5 人组成,其中双方各有 1 名代表,另外 3 名委员为与争端及其当事方无特殊利害关系的中立国。委员会的组成和职能依据 1928 年《和平解决国际争端总议定书》的有关条款确定。

调解委员会在听取争端当事各方的证词和各自问题的答复后,一度试图促成争端当事各方达成解决协议。但是在这项努力失败后,委员会即着手起草报告。委员会在报告中首先概括了争端当事各方的观点,并分析了其结论,最后,提出若干有利于解决争端的建议。根据委员会结论性意见和建议的具体内容,委员会原则上同意对暹罗和法属印支间边界做出细小修正。但是,委员会这一倾向并没有掩饰其拒绝暹罗领土主张的立场。暹罗要求领土变更的依据体现在宗教、地理和经济等方面的证据,而委员会经过调查认为,正是由于这些原因,其边界的变更对任何其他争端地区并无益处。

第三节 现代条约法中调解的地位

自 1945 年后,调解的数量虽然有所减少,但仍然在一些双边条约和多边条约的实践中保有一席之地。

一、双边条约实践

瑞士和包括英国在内的一些国家曾缔结过将调解作为一般义务的条约。还有一些国家为了解决争端而设立临时调解委员会,这些临时调解员在"扬马延案"(Jan Mayen case)和"东非共同体案"(East Africa Community case)中成为行使管辖权的基础。不仅如此,调解也成为 1986 年埃及和以色列签订的涉及边界安排协议的组成部分。[①]

二、多边条约实践

二战后,调解程序得到一些多边条约缔结者的青睐,例如 1948 年的《波哥大公约》将调解纳入多种争端解决程序的选项之中,该公约规定的调解条

---

① Agreement to Arbitrate the Boundary Dispute concerning the Taha Beachfront, Egypt—Israel (1986); Koopmans. Diplomatic Dispute Settlement. pp.63 - 66.

款与司法解决条款的关系,成为国际法院需考虑的程序性问题之一。

1957 年《和平解决争端的欧洲公约》就以 1925 年《法国—瑞士条约》为模板,其中一个条款规定了调解。类似含有调解条款的区域协议还有 1963 年《非洲统一组织宪章》和《加勒比海国家组织条约》。《非洲统一组织宪章》中规定,调解是调停、调解、仲裁委员会的一项职能;《加勒比海国家组织条约》则把调解规定在条约的附件中,根据附件成立调解员小组,有需要时可从中挑选调解员,设立调解委员会。

三、专门性质条约的争端解决条款

调解程序在有关国际贸易或人权方面的协议也深受青睐。例如,《欧洲人权公约》第 38 条规定:欧洲人权法院的一项职责就是"听从争端当事方的安排,在尊重公约及其附件议定书中规定的人权定义的基础上,友好地解决争端",在其他的文件中也可以找到同样的规定。不过,第 38 条有两点尤其值得注意:一是作为人权保护功能体系的一部分,这是一种常用的调解条款;二是通过提及在"尊重人权的基础上友好解决争端"明确表明,本条款的目的不只是在不进一步求助位于斯特拉斯堡的欧洲人权法院的情况下解决争端,还要在考虑公约基本价值的同时非正式地处理争端。事实上,在该公约以及其他人权公约中,调解不仅是寻求当事方能够接受的解决方案的途径,而且具有额外的、关键的、实质性因素,即明确把这种安排之下的友好解决与通常理解的调解区别开来。

四、当代多边条约中的调解程序

更多的多边条约对调解程序的吸纳方式如下:调解程序或与其他争端解决程序并列写入条约;作为其他争端解决程序的替代方法写入条约。这两种安排几乎成了现代多边条约的显著特征。

1969 年《维也纳条约公约》规定,关于强行法的解释和适用的争端提交国际法院解决,关于条约义务的效力或终止的争端强制通过调解解决。该公约的附件对设立调解委员会的安排进行了详细规定。附件规定联合国秘书长持有一份能胜任调解工作的法律学者名单,名单上的法律学者是可选用的调解员。调停委员会通过当事方各指定两名成员设立,但委员会的成员不一定是名单上的调解员;之后再由这四名成员共同任命第五位成员,并由第五位成员担任委员会主席。该程序的一个特征是,如果在规定的期间内没任命调解员,则联合国秘书长将会任命相应的调解员,这样就避免了调解程序不能启动的后果。调解委员会"听取当事方的证词,审查一方的主张和另一方的反对意见,为当事方提供建议以达成友好的争端解决方案",调解委员会自其成立之日起12个月内必须提交报告。《维也纳条约法公约》的附件规定:委员会的报告包括"有关事实或者法律问题的结论",但同时声明该结论对当事方不具有约束力,而且委员会报告的"性质应限于为求促成争端之友好解决而提供各当事国考虑之建议"。

1975年《关于国家在其对国际组织关系上的代表权公约》和1978年《关于国家在条约继承方面的维也纳公约》都对调解作了大体相似的安排。两个条约都规定事前磋商是启动调解机制的先决条件,正如1969年《维也纳条约法公约》规定的那样,拖延不指定调解员不能阻止设立调解委员会。1975年公约的不同之处在于,它规定调解委员会的成员为三人而非五人,而且调解委员会可以建议争端中的国际组织向国际法院寻求咨询意见。

调解与其他争端解决办法并列适用的突出例子,还可以在一些环境条约中看到。例如,1985年《关于保护臭氧层的维也纳条约》规定,倘因本公约的解释或者适用而引起争端,当事方必须首先努力通过谈判解决争端。若谈判破裂,则双方可以共同寻求通过第三方的斡旋或者调停来解决争端。为解决悬而未决的争端,当事国可以进一步宣告,它们接受仲裁或者国际法院的管辖。最后,如果当事方已接受互不相同的程序,或者各当事方不接受任何解决程序,则各当事方有义务将争端提交调解,除非当事方能够同意使用其他争端解决办法。公约对设立调解委员会作了相当简要的安排,但皆已涵盖在设立委员会的基本要素中。

类似的安排还规定在1992年《生物多样性公约》《气候变化框架公约》和1994年《防治荒漠化公约》中。《生物多样性公约》的附件规定了调解程序,而在其他的条约中调解程序是嗣后在当事国的一次会议上通过的。另外,后两个公约规定,自通知对方存在争端之日起满 12 个月后启动调解程序,而《生物多样性公约》和 1985 年《关于保护臭氧层的维也纳条约》的规定相似,只是要求必须通过调解解决争端,没有规定具体时限。因此,在所有这些公约中,调解占有一席之地,若因公约的解释或者适用而引起争端,且不能通过其他方法解决争端的,则可以强制适用调解程序,尽管调解的结果没有约束力。

最后应当指出的是,在 1982 年《联合国海洋法公约》中也精心设计了调解措施,但是研究这些安排时,应将其与公约中有关其他争端解决办法的宽泛规定进行比较。

第四节　21 世纪调解制度的新发展：《新加坡调解公约》

当今各国都在不同程度上承认调解在纠纷解决方面的作用。然而,各国和地区在调解立法及其配套制度方面的差异显著。除了联合国国际贸易法委员会(UNCITRAL)于 2002 年制定的《国际商事调解示范法》外,针对调解的国际立法长期以来处于空白。这种状况严重阻碍了调解在国际商事纠纷解决方面作用的发挥。

2014 年 5 月,美国向 UNCITRAL 秘书处提交了一份建议,提议由其第二工作组以调解达成的国际商事和解协议之可执行性为主题拟订一部多边公约,以鼓励当事人更多地使用调解。UNCITRAL 于 2015 年第四十八届会议授权第二工作组启动该主题的工作。第二工作组历时近三年,形成了《联合国关于调解所产生的国际和解协议公约》的草案文本以及《贸易法委员会国际商事调解和调解所产生的国际和解协议示范法》(2018 年修正了 2002 年《贸易法委员会国际商事调解示范法》)草案文本,并提交 UNCITRAL 审议。2018 年 6 月 25 日,UNCITRAL 第五十一届会议审议并通过了这两个草案文本,决定将调解公约草案提交联合国大会审议通过,并建议各国在制定或修改调解的相关法律时参考调解示范法。

鉴于新加坡在 UNCITRAL 第五十一届会议上倡议为公约举行一个签约仪式,并由新加坡承担签约仪式的相关费用,会议建议将该公约简称为《新加坡调解公约》(*Singapore Convention on Mediation*)。2018 年 12 月 20 日,联合国大会通过该《公约》;2019 年 8 月 7 日起《新加坡调解公约》对所有国家开放签字;2020 年 9 月 12 日,正式生效。

根据联合国贸法会从各国收到的关于国际商事调解协议的可执行性的评论意见,多数国家将调解协议认定为合同,若一方当事人不履行,另一方当事人可以提起合同履行之诉。如果调解协议获得强制执行,根据介入调解第三方的性质分类,须转换成法院判决、仲裁裁决或其他具有执行力的法律文书的形式。这些转换执行机制均存在一定的缺陷,未能保障国际商事调解协议的有效执行。正基于此,《新加坡调解公约》改变了既有的国际商事调解协议执行机制,具有积极意义但也存在一些争议之处。[①]

第一,转换为法院裁判予以执行存在缺陷。转换为法院裁判予以执行是指在调解与诉讼程序结合的情况下,在法院的安排下,当事人达成调解协议,法院经审查作出裁判予以执行,然而不同法域的法院作出的裁判文书存在差异。调解与诉讼程序相结合,其实是调解利用了诉讼程序的机制,在评价式调解思维的影响下进行。调解与诉讼程序结合的制度存在以下缺点:① 调解协议被转换为法院裁判后因欠缺有关条约或实际的互惠关系,法院裁判跨境执行面临阻碍;② 在公权力的介入下,当事人的意思自治受到较大的限制;③ 法院通常对调解协议进行实质审查,调解的高度保密优势受到减损;④ 由法院安排调解在一定程度上浪费了司法资源。

第二,有一些国家,存在将调解协议视为或转换为仲裁裁决予以执行的实践。根据仲裁庭是否真正介入处理争议,这种执行模式分为两种情形:一是国际商事争议当事人在仲裁程序外达成调解协议后,将其提交仲裁庭审核;二是当事人直接在仲裁庭的调解下达成解纷合意,并由仲裁庭根据调解

[①] 冯冬冬:《〈新加坡调解公约〉背景下中国国际商事调解协议执行机制的完善》,《国际法研究》2023 年第 2 期,第 146—151 页。

协议内容作出裁决。调解与仲裁制度结合,使调解协议被仲裁庭转换为仲裁裁决或调解书,具有强制执行力。《中华人民共和国仲裁法》第 51 条规定,仲裁庭在作出裁决前,可以先行调解。调解达成协议的,仲裁庭应当制作调解书,调解书与裁决书具有同等法律效力。一方面,尽管调解协议被赋予与仲裁裁决同等的法律效力,但在实践中此类调解协议能否依据《纽约公约》执行存在较大争议。各国对此类裁决通过《纽约公约》执行时审查的因素比一般的仲裁裁决更为复杂,此类裁决面临较大的执行阻力。另一方面,虽然在仲裁程序中达成的调解协议转换为仲裁裁决的路径得到了一些法域的肯定和支持,但英国与美国判例法对于仲裁中调解的做法持较为否定的态度,而且在调解程序后启动仲裁程序增加了相应的费用,也造成了一定的程序迟延。

第三,通过其他方式转换为具有执行力的法律文书有执行的缺陷。在调解与诉讼、调解与仲裁相结合的程序之外,经独立的调解程序达成的调解协议,当事人可通过申请公证、司法确认、法院命令等方式转换为具有执行力的法律文书予以间接执行。在实践中,存在经独立的调解程序达成的调解协议被转换为有关具有执行力的法律文书予以间接执行的方式。一方面,调解协议转换为公证文书,本质上是调解利用了公证的机制,但增加了相应的公证程序和费用;另一方面,调解协议转换为有关裁定或法院命令等文书,法院一般对调解协议采取程序审查与实质审查并重的方式,增加了司法审查的成本和时间,不利于提高纠纷解决的效率。

结合以上问题,《新加坡调解公约》倡导建立独立的国际商事调解协议统一执行机制,体现了国际社会商人自治精神。《新加坡调解公约》的"序言"提到调解可以减少因争议导致终止商业关系的情形,并节省国家司法行政费用。在国际经贸活动中,商事调解有助于维系当事人之间的商业合作,处理商事纠纷效率高、成本低。可见,维护和谐关系与增进效益是国际商事调解协议执行机制的优势。

首先,20 世纪 70 年代以来,替代性纠纷解决方式(Alternative Dispute Resolution,ADR)在国际上得到广泛应用。改革民事司法制度、鼓励通过协商解决纠纷成为新的发展方向。诉讼与仲裁通常需要经过双方质证、辩论等对抗环节,双方当事人的合作关系可能难以再维系。调解程序中当事人对抗性较弱,并不一定要分出输赢。调解是建立在双方沟通合作的基础上追求一个双赢的解决方案,故有利于维系当事人的商业合作关系。

其次,国际商事调解提高了商事纠纷解决效率。国际商事调解协议体现当事人合意,不追求法律上绝对的司法公正,从而缩短了纠纷解决的时间。在调解活动中,当事人可能做出让步而放弃一些权利,以争取合作方同意履行义务。此外,调解程序较为灵活,更加关注对当事人真实意愿的保障,并不强调解纷过程是否严谨、规范,且没有过高的时限要求。诉讼、仲裁则程序严格,有明确的时限要求。

再次,国际商事调解协议被赋予执行力,大大降低了成本。与诉讼和仲裁相比,调解解决纠纷的成本明显降低。诉讼和仲裁需要依靠严格的程序发现案件事实,以保障司法公正,因此,花费的人力、物力成本较高,而调解程序较为灵活,时间快捷,成本低廉。当事人在调解程序中花费了时间和经济成本,如果仅将调解协议视为一般商事协议,则不具有直接执行的法律效力,争议仍未得到实质性解决。当事人可能对原始纠纷或者达成的纠纷解决结果再提起争讼,进而有可能面临新的诉累,争议解决效率无法得到提高,调解的意义也大为降低。此外,赋予调解协议执行力能对案件进行有效分流,减少司法机关的压力。

《新加坡调解公约》在诉讼、仲裁之外,进一步健全了国际商事争议解决的调解制度。此前,国际商事纠纷各当事方通过调解达成的和解协议只能以订立合约的方式予以执行。如果和解协议未得到有效执行,就先要通过诉讼取得法院的违约判决,然后在选择的司法管辖区执行判决。如此,烦琐、冗长、高成本的诉讼程序变成保障和解协议有效执行的唯一方式,调解的优势被消解,国际商事主体也就不愿通过调解的方式解决争议。《新加坡调解公约》允许申请执行和解协议的一方直接诉诸缔约国法院,而不必首先取得法院的违约判决,从而使和解协议执行的效率和便利程度大大提高。

当前,在单边主义和贸易保护主义不断抬头的国际环境下,在美国多次阻挠任命世界贸易组织上诉机构法官而导致世贸组织争端解决机制面临“停摆”危机的特殊背景下,《新加坡调解公约》的签署不仅为国际商贸往来增加新的安全阀,而且凝聚了国际社会维护多边主义的共识。在共建“一带一路”

的过程中,中国已认识到调解在国际民商事纠纷解决中的独特价值。2016年10月,我国"一带一路国际商事调解中心"正式成立。自成立以来,中心组建了由200余名来自世界60多个国家和地区的法律学者和法律执业者构成的调解员队伍。《新加坡调解公约》将为"一带一路"国际商事争端解决机制和机构的建立与完善提供法律依据和保障。[①]

思 考 题

1. 国际法上的调解制度与我国国内法中的调解制度有何异同?

2. 相较于传统的争端解决模式,《新加坡调解公约》在国际商事调解协议的执行方面有哪些创新?

[①] 叶强:《〈新加坡调解公约〉用调解精神维护多边主义》,《世界知识》2019年第18期,第48—49页。

第二编

国际争端解决的
法律方法

第五章　仲　　裁

导读

　　用于解决国际争端的方法主要可以分为两大类：谈判、调停、调查和调解被统称为政治解决方法（或外交方法），争端当事方往往保留对争端的控制权；而仲裁和司法解决方法则被应用在一些争端各方需要达成有约束力的裁判情形中，由于仲裁和司法解决通常以国际法为依据，因此，被认为是法律解决方法。在法律方法中，从历史上看，仲裁是最早发展起来的，它为常设司法机构的创建提供了灵感。① 本章主要介绍仲裁这种经常为争端各方采用并且有别于司法解决的法律解决方法。

第一节　仲裁制度的历史演变

　　在国际仲裁历史上，1872 年美国和英国因为军舰海上攻击和劫持事件引发的"阿拉巴马号仲裁案"有三点意义：一是案件表明，任何复杂的国际争端都有可能通过仲裁这种争端解决程序加以解决；二是在争端当事各方中，弱小一方只要有理有据，也可以赢得仲裁的胜利；三是不同于过去许多以"公允与善良"为裁量标准的仲裁裁决，本案使用了"华盛顿三原则"，从而形成一种制度，即在仲裁裁决中既可以适用传统的"公允与善良"原则，也可以适用

---

　　① ［英］J.G. 梅里尔斯：《国际争端解决法》，韩秀丽等译，法律出版社 2013 年版，第106 页。

一般国际法的原则和规则。正因为如此,以"阿拉巴马号仲裁案"为标志,国际仲裁进入发展时期,国际仲裁的历史翻开了新的一页。

一、早期仲裁庭的类型与应用

仲裁与司法解决程序的主要区别之一在于仲裁案件当事各方可以自由选择仲裁员组成仲裁法庭以裁决案件,而诉讼案件当事各方则没有这种权利。早在200多年前,国家之间无论是为了将把未来发生的争端提交仲裁而起草一般性约定,还是为了把已出现的争端提交仲裁而商议仲裁协议,首先要决定的是所要适用的仲裁庭的类型。在历史上,混合仲裁庭、主权仲裁和个人仲裁都是曾经出现过的仲裁庭的形式。

(一) 混合委员会仲裁

第一种仲裁庭的类型是设立一个混合委员会,它由当事方各自指定的人数相等的本国仲裁员,以及一个中立成员(或公断人)组成。当本国仲裁员不能得出一致结论时就交给中立成员。这种类型的仲裁庭常被用于处理因对外国人造成伤害而引起的索赔案件。在1814年的《根特条约》(*Treaty of Ghent*)中,美国和英国同意将两国之间特定的争端交由两国的仲裁委成员仲裁,当双方无法达成一致时,则交由一个中立的第三方仲裁。另外,更早且更著名的《杰伊条约》(*Jay Treaty*)则只采用了委员会一种模式。这些早期的英美委员会并非现代意义上的司法法庭,而是意图将司法和外交因素结合在一起,(事实上)形成一个经过谈判的解决方法。在现代的混合委员会模式下则主要是司法因素对案件结果发挥主导作用。例如,由英国—委内瑞拉委员会裁决解决的"Bolivar Railway Company 索赔案"(1903 年),以及由美国—墨西哥一般索赔委员会仲裁的"Youmans 索赔案"(1926 年),二者被公认为是对国际法的权威性适用。

(二) 主权仲裁

"主权仲裁"就是将争端交给外国首脑或政府裁决。在古希腊和罗马时期以及中世纪可以找到相关案例,中世纪教皇经常被要求行使这一职能。这种仲裁形式的缺点之一是主权仲裁者在回答争端双方的问题时通常缺少论证,因此无法得知司法因素。主权仲裁较为罕见,但它在 20 世纪的一些仲裁案中仍得以体现。根据 1902 年的条约,英国女王作为其曾外祖父爱德华七世的继承者,授权仲裁智利和阿根廷之间的领土纠纷。在 1966 年涉及上述两国的"Palena 案"中,仲裁权最后委托给麦克耐尔勋爵(Lord McNair)和两名地理学家所组成的仲裁庭。在 1977 年的"Beagle Channel 案"中,阿根廷计划将案件提交到国际法院,仲裁庭最后由常设机构的法官组成。

(三) 个人仲裁

如果争端方认为混合委员会和主权仲裁都不合适,还有一种可行的方法是将争端提交给一位具有特别资格的个人裁决。1899 年的《海牙公约》制定了一份仲裁员名单,并将其"不恰当地"称为"常设仲裁法院"(Permanent Court of Arbitration,PCA),此外,还设立了一个带有办公场所、图书馆和工作人员的事务局,从而为仲裁和其他形式的和平争端解决发挥了重要作用。

独任仲裁的形式或许比召集一个较大的组织更快捷、更经济,当然这也对被选中的仲裁员提出了更高的要求。例如,首席法官塔夫特在"蒂诺仲裁案"(Tinoco Claim case)、独任仲裁员马克思 · 胡伯在"帕尔马斯岛案"(Island of Palmas case)中都证明了个人仲裁的重要作用。但是这一方式并不适合所有类型的案件,例如"货币黄金仲裁案"(Monetary Gold case)的独任仲裁员乔治 · 索塞-霍尔(George Sauser-Hall)是常设仲裁法院的成员,并受国际法院院长委派(应当事方的请求而作出)。通常情况下,独任仲裁员是由法官担任的,但在例外情况下具有其他资格的人也会被选为仲裁员,例如,1986 年法国和新西兰请求联合国秘书长担任"彩虹勇士号(Rainbow Warrior)案"的仲裁员。案件最终作出的裁决虽然没有细致的推理,但是涉及许多悬而未决的问题,并解决了争端。

以上形式的仲裁法庭是在国际关系各个历史时期发展起来的,它们在组成特别是在仲裁员的任命上有所差别。这些仲裁庭并无优劣高下之分,其主要功能和使命是完全相同的。各国在选择仲裁庭解决争端时,多数会考虑是否适合特定争端、如何更迅速和更有效地解决争端。还应指出,本章讨论的仲裁法庭形式所使用的"仲裁"概念是广义的国际仲裁,而严格意义的国际仲裁不同于"也称为仲裁的解决民事纠纷的程序"。[①]

二、现代仲裁庭的组成和仲裁的基本特征

现代条约实践中最常见的仲裁庭形式是由奇数人员组成的合议庭,通常由三人或五人组成。这种仲裁形式在著名的"阿拉巴马索赔案"(Alabama Claim,1871—1872年)中首次得到运用。该案涉及英国作为中立国在美国南北战争期间的责任问题,英美两国设立的五人仲裁庭只包括了两名当事国的成员。仲裁员的构成特点和仲裁庭组成均严格遵守司法程序的特征,最终仲裁庭作出了理由充分的裁决。本案成为仲裁发展中的标志性案件之一。

采用五人仲裁庭的案件包括埃及与以色列之间的"Taha争端"(1988年)、英国和法国之间的"运河仲裁案"(Channel case,1976—1977年)、分两阶段进行的"厄立特里亚与也门的仲裁案"(Eritrea/Yemen case,1998—1999)、比利时与荷兰之间的"铁莱茵铁路案"(Iron Rhine Railway case,2005年)等。

另外,在几内亚与几内亚比绍案(1985年)和几内亚比绍与塞内加尔(1989年)的多个海洋划界案、美国与英国之间的"希斯罗机场案"(Heathrow Airport case,1992—1993年),以及爱尔兰和英国之间的"OSPAR公约第9条案",采用的都是规模较小的三人仲裁庭。

准确概括仲裁的本质并非易事,但仲裁大致有如下四项基本特征。

第一,由仲裁解决争端一般经由争端当事各方自行选择仲裁员组成特定的法庭进行。仲裁员可以是法官、国家首脑、著名学者或政治家,还可以是其他职业者。法庭的组成所根据的原则、法庭裁决案件的工作程序以及法庭裁决案件所适用的法律,均由争端当事各方协议确定。

第二,国家是国际仲裁案件的主要当事方。仲裁法庭管辖权可以延伸到

---

① 叶兴平:《和平解决国际争端》,法律出版社2008年版,第98页。

争端当事各方向法庭提交的一切问题。这些问题通常属于法律性质,但不排除例外(属于政治性质的),例如在"白令海仲裁案"中,争端当事各方提交仲裁裁决的问题就不完全是法律问题。

第三,仲裁法庭在尊重法律基础之上裁决案件,一方面,尽可能使其裁决与现行国际法一致;另一方面,在必要情况下可以适用"公允及善良"原则。"公允及善良"原则的适用使仲裁法庭不能像国际司法机构审判案件那样,以没有国际法规则可供适用为由或因案情不清,而对争端当事方提交的案件予以拒绝。

第四,仲裁裁决对争端当事各方是具有法律约束力的,仲裁裁决的执行没有强制制裁保障,而主要依赖当事各方自身的道义和责任感。

第二节　仲裁院协定、仲裁条款与仲裁条约

国际仲裁是一种自愿管辖。争端当事各方可以在仲裁人的选择、法庭组成、法律适用以及法庭裁决运作程序等方面充分行使自由权利。没有争端当事各方的同意,任何仲裁都不可能得到正常、有效地行使。国家如何表示这种同意? 具体来说,国家将争端交付仲裁解决的同意是通过三种方式表示出来的:仲裁协定(arbitration agreement)、仲裁条款(arbitration clause)和仲裁条约(arbitration treaty)。

仲裁协定又称特别协定(special agreement)或特别协议,是争端当事各方为解决已经发生的某一特殊争端或一系列的争端而缔结的协定,虽然其形式特殊,但它仍被视为条约的一种,受一般条约法支配。根据一般条约法规定,一项条约缔结必然在缔约国之间产生相应的法律效果。对于争端当事各方来说,他们缔结一项仲裁协定的行动,不仅意味着他们有将某项或某些争端诉诸仲裁解决的意愿,而且决心承担诚实服从仲裁裁决之义务。仲裁协定内容原则上不必强求一致,因为它在很大程度上取决于缔结这项协定的国家就如何处理其争端所采取的态度,例如,他们可能准备把争端交由临时仲裁法庭解决,也可能将其交由依规章设立的仲裁法庭解决。但是作为仲裁基

础,任何仲裁协定总必须包括若干确定的基本内容。

一项仲裁协定的实质性内容应该包括以下几个方面:一是对争端事由的清楚说明;二是对委派仲裁人方式的确定;三是对法庭适用法律规则的指示;四是对法庭组建和法庭程序规则的规定比较起来,以建立临时法庭为目的的仲裁协定在内容上要比建立一定规章指导之法庭为目的的仲裁协定复杂一些。后者在一般情况下可以不包含法庭程序方面的内容,理由是那些规章中已经有了指导法庭活动的具体规则,当然,以建立临时法庭为目的的仲裁协定也可以不需要规定详细的程序规则。而采用若干现成程序规则或载于两次海牙和会公约中有关仲裁程序示范规则,或载于国际法委员会拟定的1958年《仲裁程序示范规则》中的有关规则。

历史上有大量以仲裁协定、特别协定或特别协议为根据建立仲裁法庭并裁决争端的案例,例如1932年7月18日美国与瑞典之间的"古斯达夫·阿道尔太子号和太平洋号",就是在两国于1930年12月17日缔结一项特别协定后诉诸国际常设仲裁法院作出裁决的。

仲裁条款是国家表示同意仲裁的另一种方式,它可以包含在任何仲裁条约之外的条约中,载有该仲裁条款的缔约国应以仲裁程序解决其可能产生的争端,仲裁条款有"特别仲裁条款"与"一般仲裁条款"之区分。特别仲裁条款规定提交仲裁解决的争端仅限于与条约解释和适用问题相关的争端或某些特定范围的争端,例如法律争端,而一般仲裁条款往往涉及缔约国间发生的全部争端或者关于缔约国间已生效的所有条约解释或适用问题争端,历史上尤其是在19世纪,各国缔结条约中的仲裁条款多半为一般仲裁条款,现代则较多采用特别仲裁条款。有的仲裁条款只是在原则上要求当事方用和平的仲裁程序解决争端;有的仲裁条款在此基础上规定仲裁人员任命和仲裁法庭的组成方法;有的仲裁条款甚至规定法庭适用的法律和程序规则。

二战后,一些国际条约在缔结时含有仲裁条款。有仲裁条款的条约既可以是双边条约,也可以是多边条约。西方国家之间缔结双边条约常规定条约争端应诉诸仲裁或司法解决,例如1945年美德之间签订的《友好、商务和航海条约》第27条规定:"缔约国间有关现存条约解释或适用的、缔约国不能用外交或其他共同同意的方式满意解决的任何争端,应该提交仲裁或根据缔约国的协议提交国际法院。"

目前,在载有仲裁条款的多边条约中主要有 1982 年《联合国海洋法公约》、1961 年《维也纳外交关系公约》、1963 年《维也纳领事关系公约》和 1969 年《维也纳条约法公约》。就强制性而言,包含在多边条约中的仲裁条款明显弱于包含在双边条约中的仲裁条款,这主要是因为多边条约下的仲裁条款在正常情况下是任择性的,并且可以附有保留。

20 世纪以来,虽然国家间越来越多地缔结仲裁条约,但是大多数仲裁条款都规定将某些类别争端排除在条约指示的仲裁管辖范围之外。早期以仲裁方法解决争端的仲裁条约一般不包括影响当事方重大利益、独立和荣誉的争端。现在各种仲裁条约的保留范围变得更加狭窄,保留变得更加明确,主要是将"涉及国家国内管辖事项和过去的争端,第三国的利益以及特别领土和政治利益"等排除在条约规定的仲裁管辖权之外。当然,也有仲裁条约不附加任何保留。例如,1915 年中国与荷兰订立了一项"仲裁条约",该条约声明,两国各自承允将未来可能发生在两国间任何以外交方法不能解决的争端,提交国际常设仲裁法院仲裁解决。这项条约就是一种无保留的一般或永久性仲裁条约,只是这种仲裁条约并不多见。

第三节　国际私法仲裁

以上几节所讨论的由国家提起的对一个或者一系列国家之间发生的案件进行裁判的仲裁类型,必须与另一类型的处理涉及个人或者公司当事人的仲裁区别开来。后一类型的仲裁被称为"私"领域(相对于公领域)的国际仲裁,也称为"国际商事仲裁"。仲裁无疑是许多国内法律体系公认的一种程序,相比诉讼,它能够相对迅速且便宜地解决争端而无需提交法院,因此具有优势。国际商事仲裁代表着这一程序向具有国际因素的私法争端的扩张。由于在传统体系之外寻求新途径解决这些争端的需求不断增加,新的程序不断壮大和发展,因此目前有几种不同的私法仲裁可供采用。

一、"公领域"仲裁和"私领域"仲裁的区别

对于"公领域"的仲裁和"私领域"的仲裁而言,二者截然不同的地方在于决定仲裁的形式方面事项的"仲裁程序法"(lex arbitri),也就是诸如裁决的有效性和可执行性等事项。首先,私法仲裁通常适用国内法,而国家之间的仲裁程序法则适用国际法,这对当事双方在修改外部框架的权力方面具有重要影响。国际法为当事双方提供了非常大的自主权,尤其是在关于上述两种程序的效力方面。当涉及裁决有效性的争议出现时,私法仲裁的当事人希望适用国内法律体系。同样,如果在执行方面出现了困难,当事方也许可以利用旨在通过国内法院执行仲裁裁决的全球性的安排。其次,无论是对国家之间仲裁裁决提出质疑还是执行该裁决都要困难得多,因为在国际法中并不缺少有关裁决有效性和执行的规则,只是缺少强制性的程序来使之生效。

二、混合型仲裁及其争端解决

如果将传统解决国家之间争端的程序和利用仲裁解决私人之间或公司之间纠纷的程序进行比较,国家间仲裁和私法仲裁的区别十分明显,然而,如果出现私人和国家之间的争端并形成"混合型仲裁"程序时,两者之间的界限就变得有些模糊。此时的程序既包含了国际公法仲裁的特征,也包含了国际私法仲裁的特征。

解决投资争端国际中心(ICSID)是为了处理这类案件而特别设立的机构。ICSID 是根据多边条约设立的,并且依据其组织章约中规定的规则进行仲裁。与一般商事仲裁不同,国内法院无权管辖涉及裁决有效性的争端,甚至被明确禁止处理这类案件。根据《解决国家与他国国民间投资争端公约》,国家和私人当事方都有直接请求缔约国的国内法院执行裁决的权利。因此,ICSID 体制在保留传统上涉及国家的仲裁的自治权的同时,也在执行的重要领域借助私法仲裁来加强其措施的有效性。

类似的安排可以在 1992 年《北美自由贸易协定》(NAFTA)第 11 章中

寻到踪迹。根据该协定,缔约国的投资者可以将与另一缔约国对其投资待遇有关的争端提交仲裁。*NAFTA* 项下的仲裁适用的是 *NAFTA* 条款和"可以适用的国际法规则"。从投资者的立场来看具有下列好处:有关国家只要成为 *NAFTA* 的成员国就已经同意仲裁,并且在《解决国家与他国国民间投资争端公约》和类似条约下,任何裁决都可以通过国内法院强制执行。*NAFTA* 提供的混合仲裁尽管仍需改进,但其功能得到了广泛应用,并成为世界贸易组织体系的补充,因此,它为经济争端的处理提供了一种区域性的程序。

思 考 题

1. 私领域的国际仲裁和公领域的国际仲裁有哪些区别?
2. 混合类型仲裁有哪些特点?

参 考 案 例

"阿拉巴马号"仲裁案(The Alabama Case)

美国内战期间,美国联邦政府曾一度与南方叛军紧张对峙,势力强大的英国承认南方叛军为交战团体并保持中立。1862 年,一艘名为"阿拉巴马号"的军舰在英国建造下水。该军舰在亚速群岛以外海域得到由另外三艘英国船只提供的人员和武器装备补给,自此在海上对美国商船进行拿捕和打击。据统计,"阿拉巴马号"军舰在不到两年的时间里共劫持和击毁了联邦政府近 70 艘船舶。

内战结束后,美国政府向英国提出赔偿要求,英国政府对此拒绝,双方僵持不下,后经艰苦谈判,两国于 1871 年缔结了《华盛顿条约》,并同意以仲裁方式解决这起争端。1872 年 9 月 14 日,美国、巴西、意大利和瑞士各选出 1 名仲裁员组成仲裁法庭,在《华盛顿条约》确立的三项原则的基础上对该项争端作出了有利于美国的裁决。

第六章 国 际 法 院

 导读

　　司法解决是指由合格法官组成的常设司法机构(例如国际法院),基于国际法规则对当事各方依据相互协议而提交给它的国际争端作出有拘束力的判决。这是一种和平的法律解决争端程序。国际法院是联合国下属的全球范围唯一的国际司法机构,负责受理依据国际法引起的国际争端。① 司法解决与仲裁存在本质差异:国际法院是依据《联合国宪章》而成立,并按照其所规定的程序审判争端;仲裁法庭是由争端当事各方选择的仲裁员自行组成,并按照当事各方协议的程序来裁决争端。国际法院是二战以后根据《联合国宪章》第十四章的规定,于 1946 年 4 月 3 日正式成立的。国际法院与其前身——国际常设法院有什么关系?国际法院如何对争端行使管辖权?如何评价国际法院以往的工作成就和当前遭遇的困境?通过国际法院判决争端是一种有发展前途的司法解决程序吗?本章力图解答以上这些问题。

第一节 国际法院的历史演进

　　由于司法解决在和平解决国际争端方面弥补了仲裁程序的若干不足,故

---

　　① 有关对联合国国际法院的评述,参见 Arthur Eyffinger. *The International Court of Justice*. The Hague: Kluwer Law International, 1996; Vaughan Lowe and Malgosia Fitzmaurice eds. *Fifty Years of the International Court of justice*. Cambridge University Press, 1996; 施觉怀:《国际法院》, 苏州大学出版社 1993 年版。

1899 年第一次海牙和会创立了一个"既非法院又非常设"的仲裁法院后,国际上又产生了创立一个真正的常设法院的强烈要求。关于设立这种法院的计划早在 1907 年第二次海牙和会时已有动议,只是因为该计划中的法院组织方式否定了国家平等原则而遭到一些国家反对,从而"流产"。正是基于以上建立常设司法机构的愿望,第一次世界大战后诞生了国际常设法院,第二次世界大战后又产生了国际法院。

一、国际联盟与国际常设法院

第一次世界大战后,第一个普遍性国际组织——国际联盟诞生,使国际上设立一个常设国际法院组织的理想变为现实。人类历史上第一个严格意义上的司法解决国际争端的机构是一战后由国际联盟创立的国际常设法院(Permanent Court of Arbitration,PCA)。《国际联盟盟约》第 14 条规定:"行政院应筹拟设立国际常设法院之计划并交联盟各会员国采用。凡各方提出属于国际性质之争议,该法院有权审理并判决之"。根据上述规定,1920 年,国际联盟行政院在伦敦会议上决定任命法学家组织委员会,起草《国际联盟法院组织草案》,同年 7 月,法学家组织委员会完成了起草工作,经国际联盟行政院和大会审议修正,于同年 12 月 13 日和 14 日分别由大会和行政院通过而成为《常设国际法院规约》。1921 年,根据该规约的规定,国际联盟大会和行政院投票选举了 11 名法官和 4 名候补法官(1929 年以后,法官增加为 15 名,并取消了候补法官)。1922 年 2 月 15 日,根据《国际联盟盟约》规定创建的国际常设法院在荷兰海牙正式宣告成立。1922—1942 年,常设国际法院共受理争端案件 65 个,其中作出判决的 32 个,还提出了 28 项咨询意见。国际常设法院对国际法的发展作出了重要贡献。[1]

常设国际法院的活动因二战而中断,并在 1946 年与国际联盟一道解散。[2] 由于国际常设法院的工作因为二战爆发而被迫中断,二战后期,同盟国约定成

---

①　王铁崖:《国际法》,法律出版社 2005 年版,第 428—429 页。

②　联合国新闻部:《国际法院关于联合国主要司法机关的问答》,https://www.icj-cij.org/sites/default/files/questions-and-answers-about-the-court/questions-and-answers-about-the-court-ch.pdf.

立一个新法院。1945 年,《联合国宪章》规定设立国际法院,并将其作为联合国的主要司法机关。

二、国际法院:国际常设法院的延续和发展

二战后,根据《联合国宪章》和《国际法院规约》建立的国际法院是一个与国际常设法院有所区别的全新的法院,1945 年,旧金山会议的多数与会国在讨论建立何种法院时就坚持这样的立场。表面上看,这似乎是否认国际常设法院作用的一种表现,其实不然。旧金山会议与会国在决定建立国际法院这样一个"全新的法院"过程中,并没有对国际常设法院的实质问题提出质疑,原因如下。

一是旧法院当时与即将解散的国际联盟联系在一起,不适于承担作为联合国主要司法机关的法院的任务;二是建立一个新法院更符合《联合国宪章》关于联合国会员国为《国际法院规约》"当然当事国"的规定;三是《国际常设法院规约》的一些缔约国未参加旧金山会议,而有些参加旧金山会议的国家又不是该规约缔约国;四是有相当一部分国家认为国际常设法院是由欧洲国家控制国际社会政治和法律事务的旧秩序的一部分,而建立一个新法院可以使欧洲以外的国家更容易发挥其应有的作用。

概括而论,国际法院依循国际常设法院模式的最集中的表现在于,它原则上继承了旧法院的规约和规则二。此外,《联合国宪章》第十四章的第 92 条规定:国际法院应依宪章所附规约执行其任务;《国际法院规约》规定:"以国际常设法院规约为根据"。法律意义总结起来就是:承认两个国际常设司法机构之间的联系和继续性。[①]

第二节 国际法院法庭的组织与机构

国际法院不管在组织形式方面还是在实质的适用法律或管辖权方面,甚

---

① 叶兴平:《和平解决国际争端》,法律出版社 2008 年版,第 108—110 页。

至在工作程序方面均表现出与国际常设法院相一致的倾向。在组织形式方面，国际法院与国际常设法院相联系或相一致的倾向主要体现在法官提名和选举、法院组成和结构等方面。

一、法官

《国际法院规约》[①]中规定的国际法院法官提名权和《国际常设法院规约》的规定[②]一样，属于常设仲裁法院各国团体。国际法院法官的最终确定取决于联合国大会和安全理事会就秘书长在各国团体提名基础上拟定名单的表决结果。同样，国联大会和国联行政院也有权决定国际常设法院法官的最后人选。两个法院的法官人数都是 15 名，其中任何一个法官候选者都不受国籍的局限。不过他们必须是品德高尚并在本国具有"最高司法职位之任命资格"或"公认为国际法学家者"；两个法院的规约在原则都要求组成法院的法官全体应能代表世界各大文化及各主要法系。两个法院的各个机构分别包括院长、副院长、合议庭、简易分庭和书记官。此外，两个法院司法体系还引入了国际仲裁的因素——特设法官制度。[③]

作为一项原则性规定，《国际法院规约》第 9 条要求法官全体能代表世界各大文化和各主要法系。国际法院法官的席位的分布情况如下：亚非国家 6 名、拉美国家 2 名、西欧和其他国家 5 名、东欧 2 名。国际法院法官的分配方法与联合国安全理事会理事国席位分配方法一致。国际法院的 15 名法官由联合国大会和安全理事会选举产生，任期 9 年。这些机构同时但单独投票。为了当选，候选人必须在两个机构中获得绝对多数票，有时还需要进行多轮投票。[④]

---

① Article 4-Article 12, Statute of the International Court of Justice, ICJ. Statute of the International Court of Justice. https://icj-cij.org/statute.

② Article 4-Article 12, Statute of the Permanent Court of International Justice, Statute of the Permanent Court of International Justice. https://www.refworld.org/legal/constinstr/lon/1920/en/57478.

③ 叶兴平：《和平解决国际争端》，法律出版社 2008 年版，第 116—117 页。

④ ICJ. Members of the Court. https://icj-cij.org/members.

国际法院法官为专职法官,一经当选即不再是本国政府的代表,也不是其他国家的代表。与大多数其他国际组织机构不同,该法院不是由政府代表组成的,法院成员具有独立性,不得担任任何政治、行政的职务或执行其他任务。除了其他法官认为其不再符合法官所必要的条件,法官不得被免职。法官在执行法院职务时,享受外交特权和豁免权。[①]

二、适用法律

整体看,国际法院审理案件适用现行的国际条约和公约、国际习惯、一般法律原则,以及作为辅助资料的司法判例和各国具有最高权威的国际法学家的学说。对此,《国际法院规约》与《国际常设法院规约》各有其规定,但也有相似之处。例如,二者均在第 38 条规定:"1. 法院对于陈诉各项争端,应依国际法裁判之,裁判时应适用:(子)不论普通或特别国际协约,确定诉讼当事国明白承认之规条者;(丑)国际习惯,作为通例之证明而经接受为法律者;(寅)一般法律原则为文明各国所承认者;(卯)在第 59 条规定之下,司法判例及各国权威最高之公法学家学说,作为确定法律原则之补助资料者。2. 前项规定不妨碍法院经当事国同意本'公允及善良'原则裁判案件之权。"[②]

从时间的先后看,《国际法院规约》的规定似乎是《国际常设法院规约》的"翻版",只是《国际法院规约》第 38 条第 1 款特别增加了"对于陈述各项争端,应依国际法裁判之",这似乎是在强调国际法院严格按照国际法裁判案件的原则。除此以外,两个规约的第 38 条还一致规定,法院有经当事国同意本着"公允及善良"原则裁判案件的权力。这项规定引起的争议较大,因为国际司法的主要目的是适用现行国际法,而在现行国际法之外寻找裁判根据显然不符合国际司法性。不过另一种解说则认为,甚至在具有争议的有关问题上,《国际法院规约》也未能突破《国际常设法院规约》的规定。[③]

---

① 王铁崖:《国际法》,法律出版社 2005 年版,第 429—430 页。
② 《国际法院规约》(中文版),https://www.un.org/zh/about-us/un-charter/statute-of-the-international-court-of-justice,最后访问日期:2024 年 6 月 1 日。
③ 周鲠生:《国际法》(下册),商务印书馆 1976 年版,第 790 页。

三、工作流程和诉讼程序

无论是诉讼案件还是咨询案件,国际法院与国际常设法院在工作程序上大同小异。国际法院和国际常设法院一般都须经过起诉、审理和判决等主要阶段。《国际法院规约》和依该规约制定的《国际法院规则》对诉讼案件的程序作出了规定。现行《国际法院规则》制定于 1978 年,一些条款后来经过修改(最近的修正案于 2020 年 6 月 25 日生效)。

以诉讼案件为例,争端当事方在向法院提出诉讼时,一般会选择特别协定和请求书两种形式之一。采取特别协定者需根据《国际法院规约》的有关规定,将特别协定通知法院书记官长,并阐明争端内容和争端的各当事方;而以请求书形式通知书记官长时,除了在请求书中阐明请求当事方、被告当事方和争端内容以外,还要陈述法院具有管辖权的法律根据以及诉讼请求所依据的事实和理由。以请求形式提出的诉讼通常会遭到被告当事方的反对,即提出初步反对意见。如果法院裁定被告当事方提出的初步反对意见不具有初步性质时,法院对案件的审理就进入实质阶段。

《国际法院规约》规定,审理由书面陈述和口头陈述两个步骤构成。书面陈述是争端当事各方通过向法院递交诉状、辩诉状,甚至答辩状和复辩状以分别陈述事实、法律和诉讼主张,以及承认或否定这些事实、法律和诉讼主张的过程,随后是口头陈述或审理步骤。[①] 原则上,口头陈述或审讯应公开进行。在公开听证会等口头阶段,代理人和律师需在法院发言。当事国指定一名代理人为其案件辩护,该代理人拥有与国家法院律师相同的权利和义务。由政治人物为其国家辩护的情况也时有发生,例如 2020 年的"冈比亚诉缅甸案"。[②] 此后,国际法院着手做出审理并公布对案件的判决。最后,法官进行闭门不公开评议,判决为终局裁判,不得上诉。如果当事国有一方不履行判

---

① 叶兴平:《和平解决国际争端》,法律出版社 2008 年版,第 113—114 页。

② 联合国:《什么是国际法院,它为何重要?》,https://news.un.org/zh/story/2024/01/1125647,最后访问日期:2024 年 1 月 10 日。

决,另一方可以诉诸联合国安理会。[①] 法院的案件由全体法官共同审理,但是如果当事国双方申请,可以建立特别分庭处理特定案件。法院每年还会依照《规约》选出法官组成简易程序分庭。

自 1946 年,法院作出的判决所涉争端包括陆地边界、海洋划界、领土主权、禁止使用武力、禁止违反国际人道法、禁止干涉别国内政、外交关系、人质事件、庇护权、国籍、监护、通行权和经济权利等问题。

第三节　国际法院的管辖权

国际法院具有两项职能:一是依据国际法解决各国向其提交的法律争端(争端解决职能);二是对获得正当授权的联合国机关和有关机构提交的法律问题发表咨询意见(咨询职能)。国际法院主要就两类案件作出裁决:诉讼案件和咨询程序。"诉讼案件"是指国际法律争端;"咨询程序"是指就联合国各机关和某些专门机构向法院提出的法律问题提供咨询意见,虽然咨询意见也有较高的权威,但是国际法院咨询意见没有法律约束力,在本质上不同于国际法院判决。此外,《国际法院规约》还赋予了国际法院的附带管辖权,即法院有权发布临时保全措施、允许参加诉讼以及解释或修正某一判决。本节主要就国际法院的诉讼管辖、咨询管辖和附带管辖进行介绍。

一、诉讼管辖权

(一)诉讼管辖案件的当事方

国际法院诉讼案件的当事方仅限于国家,国际法院管辖的争端案件也有

---

① 1984 年,尼加拉瓜向国际法院起诉美国政府,要求美国对支持康特拉叛军的行为进行赔偿。最终国际法院判定尼加拉瓜胜诉,但美国拒绝接受这一判决。随后,尼加拉瓜将此事提交至安理会,但美国对相关决议行使了否决权。参见联合国:《什么是国际法院,它为何重要?》,https://news.un.org/zh/story/2024/01/1125647,最后访问日期:2024 年 1 月 10 日。

其确定的范围。《国际法院规约》第 34 条规定，国际法院的诉讼当事国只能是主权国家。理论上，有三类国家能够成为国际法院诉讼案件的当事方：一是联合国会员国。这类国家在签署《联合国宪章》并承担其规定义务时，就成了作为宪章组成部分的《国际法院规约》的当然当事国；二是非联合国会员国但是《国际法院规约》的当事国，例如巴勒斯坦和梵蒂冈；[①]三是既非联合国会员国又非《国际法院规约》当事国的其他国家。第三类国家成为国际法院诉讼案件当事方的前提条件由安全理事会决定。它们可以发表声明表示遵守这些条件，接受法院管辖并诚意服从法院判决。尽管上面三类国家经由不同途径成为国际法院诉讼案件的当事国，但它们在法院审理和判决过程中处于完全平等的地位。[②]

（二）诉讼管辖权的范围

国际法院对争端的管辖权建立在各主权国家的同意基础之上，它所管辖的争端案件是国家通过特定方式表达同意的争端案件。《国际法院规约》第 36 条规定：

"（1）法院之管辖包括各当事国提交之一切案件，及联合国宪章或现行条约及协约中所特定之一切事件。

（2）本规约各当事国得随时声明关于具有下列性质之一切法律争端，对于接受同样义务之任何其他国家，承认法院只管辖为当然而具有强制性，不须另订特别协定：

① 条约之解释；

② 国际法之任何问题；

③ 任何事实之存在，如经确定即属违反国际义务者；

④ 因违反国际义务而应予赔偿之性质及其范围。

（3）上述声明，得无条件为之，或以数个或特定之国家间彼此拘束为条件，或以一定之期间为条件。

---

① UN. Non-member-states. https://www.un.org/en/about-us/non-member-states.

② 叶兴平：《和平解决国际争端》，法律出版社 2008 年版，第 117、119 页。

（4）此项声明应交存联合国秘书长并由其将副本分送本规约各当事国及法院书记官长。

（5）曾依常设国际法院规约第 36 条所为之声明而现仍有效者，就本规约当事国间而言，在该项声明期间尚未届满前并依其条款，应认为对于国际法院强制管辖之接受。

（6）关于法院有无管辖权之争端，由法院裁决之。"

1. 自愿管辖或基于"事先同意"的管辖

国家的同意可以通过几种不同的方式做出：同意可以在争端发生之前，通过条约中的仲裁条款作出，或根据法院规约第 36 条第 2 款条作出声明（当然，同意也可以在争端发生之后，通过双方之间的特别协议作出，或者对单方面向法院提交争端的行为作出回应）。当案件发生时，即使国家不愿意诉讼，但只要它表明同意的法律行为已经做出，则法院的管辖权就已确立。① 具体而言，国际法院基于国家的事先同意的管辖可以分为以下两种类型。

（1）特别协定。特别协定是指两个或两个以上国家为了将一项特定争端提交国际法院裁判而订立的一种协定。以国际法院管辖权而言，特别协定最显著的特点是仅以通知书的方式授予法院管辖权，使法院对于具体案件有充分的把握。当事各方一旦采取书面或默示同意的特别协定形式向国际法院提交它们之间某项争端时，也就等于承认国际法院对该具体争端具有管辖权，国际法院可以依照特别协定所载明的争端当事方和争端事由等情况审理争端，例如 1949 年英国和厄尔巴尼亚间的"科孚海峡案"就是依据 1948 年 9 月 20 日两国间签订的特别协定，提交给国际法院的。②

根据《国际法院规约》第 36 条第 1 款，以特别协定形式可以向国际法院提交"一切案件"。鉴于国际法院以国际法对争端作出判决的司法性质，这"一切案件"合乎逻辑的解释主要是指具有法律性质的争端。但是，《国际法院规约》承认，有关法院适用国际法判决案件的规定不妨碍法院经当事国同意以"公允及善良"原则裁判案件之权，"一切案件"并不排除非法律争端。只

---

① ［英］J.G. 梅里尔斯：《国际争端解决法》，韩秀丽等译，法律出版社 2013 年版，第149—150 页。

② 周鲠生：《国际法》（下册），武汉大学出版社 2007 年版，第 678 页。

是在国际司法历史上鲜有对非法律类争端使用"公允及善良"原则进行裁判的记录。[1]

（2）现行国际条约和协定。双边或多边国际条约可分为两类：一是条约或协定中包含了将争端提交一种或多种和平解决的特别条款或仲裁条款，其通常要求缔约国将争端提交给国际法院解决，例如《北大西洋公约》和《南极公约》的特别条款或仲裁条款一般只涉及与条约协定本身解释相关的争端。二是以和平方式解决两个或两个以上国家间的争端为其终极目的，规定国家间的特定争端提交给国际法院解决。根据联合国有关机构和系统调查，仅在1928—1948年，世界范围内用和平方式解决国际争端的条约和协定就超过200项。不论依据哪一类条约和协定，只要争端当事各方以这种方式同意国际法院对其提交的争端行使管辖权，则争端一旦起诉到国际法院，便不需要当事各方再订立特别协定。国际法院可以在单方请求的基础上对该争端进行审判。

2. 任意强制管辖

任意强制管辖（optional compulsory jurisdiction），又称"任择强制管辖"，是指按照《国际法院规约》第36条第2款的规定，国际法院根据各当事国事先接受国际法院管辖的事项的声明[2]而实施的管辖，例如对条约的解释、国际法的任何问题、确定违反国际法义务、因违反国际法义务而引起的赔偿等争端事项。按照《国际法院规约》第36条第2款"任意条款"（或称"任择条款"）的规定，任何当事国可以按照自己意愿随时发表一项接受该条款的声明。一旦一国做出该行为，其法律效果如同条款自身所显示的那样：承认国际法院对于某些争端的管辖具有当然强制性，不须另订特别协定而加以规定。截至2024年6月，共计74个国家依据第36条第2款的规定作出了接受国际法院管辖的声明。[3]

---

[1] 叶兴平：《和平解决国际争端》，法律出版社2008年版，第129—120页。

[2] 中国在恢复联合国合法席位后，曾于1972年致函联合国秘书长，废止南京国民政府于1946年作出的接受任意管辖的声明。

[3] ICJ. Declarations Recognizing the Jurisdiction of the Court as Compulsory. https://www.icj-cij.org/declarations.

任意强制管辖的效果可能因国家的保留而减弱,而一些国家在发表接受"任意条款"声明时会用保留的方式,将若干类别争端排除在国际法院强制管辖权之外。在各项声明中,常见的保留大多与争端本身相关,这些争端主要是指:① 已为之规定有其他和平解决方法的争端;② 发生在某个特定日期之前的争端;③ 由国际法或声明国自己确定的属于与声明国国内管辖事项有关的争端;④ 发生在战争行动期间或由于战争行动引起的争端;⑤ 发生在某些国家之间的争端,例如英联邦成员国之间或与声明国没有外交关系的国家之间的争端;⑥ 涉及某些多边条约的争端。①

3. 特别同意

这类管辖的方式是在争端出现后,国际法院通过有关管辖权的"特别协议"取得管辖权。在争端出现后,国家同意由法院行使管辖权的最常用的方法是对一项特别协议进行谈判,这种灵活的方式对国家具有吸引力,因此经常得到使用。例如,2008 年根据新加坡和马来西亚之间特别协议,法院对两国的领土争端作出判决;国际法院还依据这种方式,对博茨瓦纳和纳米比亚之间的"卡西基利岛辛杜杜岛案"以及匈牙利和斯洛伐克之间的"加布奇科沃-大毛罗斯项目案"作出了判决。

4. 应诉管辖

应诉管辖是指如果一国在对其提起诉讼的申请时不承认国际法院的管辖权,则该国有可能随后接受这种管辖权,使法院能够受理案件。因此,根据"当事方同意的法院"(forum prorogatum)这一规则,法院自接受之日起具有管辖权。② 一旦法院的管辖权通过任择条款或者其他一些基础得以确立,当事方可以在诉讼过程中通过有关同意的非正式的指示扩大管辖权的范围。随后,这一原则被扩展允许在单方起诉而被告国家接受的基础上确立管辖权。

5. 移送管辖

《国际法院规约》第 36 条第 5 款规定:"曾依常设国际法院规约第 36 条

---

① 叶兴平:《和平解决国际争端》,法律出版社 2008 年版,第 121—122 页。

② ICJ. Basis of the Court's Jurisdiction. https://www.icj-cij.org/basis-of-jurisdiction.

所为之声明而现仍有效者,就本规约当事国间而言,在该项声明期间尚未届满前并依其条款,应认为对于国际法院强制管辖之接受"。因此,在过去根据签署任意条款声明接受了常设国际法院强制管辖的本规约的当事国,在声明有效期内有按照声明的条件接受国际法院强制管辖权的义务。另外,第37条还规定:"现行条约或协约或规定某项事件应提交国际联合会所设之任何裁判机关或常设国际法院者,在本规约当事国间,该项事件应提交国际法院。"也就是说,在国际法院成立以前订立而现行有效的条约或公约,在《国际法院规约》当事国之间遇有涉及该公约解释的争端时,应该接受国际法院的强制管辖。①

二、国际法院的咨询管辖权

除了诉讼管辖权,根据《联合国宪章》第96条和《国际法院规约》第四章,国际法院还可以应联合国大会或安理会的请求,对法律问题提供咨询意见,这被称为咨询管辖权。②

(一) 提起咨询意见的主体

国际法院诉讼案件的当事方是国家,那么,有权请求国际法院发表咨询意见的又有哪些主体? 根据《联合国宪章》第96条规定,只有联合国大会、安理会以及经联合国大会授权的联合国其他机构和各种专门机构有权请求国际法院发表咨询意见,这是国际法院咨询管辖权与诉讼管辖权的重要区别之一。目前只有国际组织能够在法院启动咨询程序,有权请求法院发表咨询意见的机构,现阶段除了联合国大会和安理会以外,还有4个联合国机构和15个其他专门机构。

(二) 咨询案的程序

咨询程序从联合国秘书长或请求咨询意见的实体的主任或秘书长向注

---

① 周鲠生:《国际法》(下册),武汉大学出版社2007年版,第680—681页。
② 张乃根:《国际法原理》,中国政法大学出版社2002年版,第229—230页。

册官提交咨询意见的书面请求开始。在紧急情况下,国际法院可以采取一切适当措施加快诉讼程序。为了收集有关提交给法院问题的所有必要信息,法院有权进行书面和口头诉讼。

在有权机构提交请求几天后,国际法院会拟定一份可能可以向法院提供有关该问题信息的国家和国际组织的名单。通常,列出的国家是请求意见的组织成员国,有时也包括法院在有争议的诉讼中对其开放的其他国家。作为一项规则,获授权参加诉讼的组织和国家可以提交书面陈述,如果法院认为有必要,可以提交对他方陈述的书面评论。如果法院认为应该进行口头诉讼,则这些书面陈述通常会在口头诉讼开始时向公众提供。

与(诉讼案件)判决相反的是,并且除非在极少数情况下明确规定具有约束力(例如《联合国特权和豁免公约》《联合国专门机构特权和豁免公约》《联合国与美利坚合众国之间的总部协定》),国际法院的咨询意见并不具有约束力。提出请求的机构、组织可以自由决定其认为合适的方式对这些意见产生影响。尽管没有约束力,但国际法院的咨询意见仍然具有较大的影响力。咨询意见通常是预防性外交的工具,有助于维护和平,它也以自己的方式为国际法的澄清和发展作出了贡献,有助于加强国家间的和平关系。[①]

(三) 影响咨询案的因素

在"西撒哈拉案"中,国际法院发展了其早先在"和平条约咨询案"中的论证。国际法院认为,案件问题的焦点是法院给出意见的适当性而非其权限问题,需要考虑的因素包括请求的对象和目的、争端的起因和性质以及可用的证据是否充分。国际法院的实践表明,在衡量处理咨询案的相关因素时,既可能是法院成员的联合国背景的反映,也可能是有关人权、去殖民化和其他事项,争端因此不再只是国家之间的事务,而是与国际组织密切相关的事项的现实反映。简单而言,即使是与国家之间的法律争端无关的咨询管辖权,也直接或间接地与国家之间的争议有关。

国际法院的实践表明,咨询案的申请往往具有醒目的"组织性"标记,并

---

① ICJ. Advisory jurisdiction. https://www.icj-cij.org/index.php/advisory-jurisdiction.

与有关国际组织面临的管理难题有关。以往的案例中涉及的事项包括：是否接受新的成员国、有关联合国人员权益的保护、秘书长保管各项条约的职能、联合国的财政状况、联合国对于非自治区域的地位确定、东道国对联合国应尽的义务、联合国的特权与豁免等。[①]

此外，国际法院的咨询意见和争端解决之间的关系在"安全墙修建案"（Construction of Safety Wall）中也愈发明晰。该案源于联合国大会请求国际法院评估以色列在其占领的巴勒斯坦领土上修建安全墙的法律后果。国际法院在确认其有权处理该请求，且没有理由拒绝行使其管辖权后仔细审查了法律争议，国际法院得出的结论是：该安全墙是非法的，修建安全墙对以色列和其他国家都产生了严重的后果。[②]

三、国际法院的附带管辖权

附带管辖权是指在国际法院审理案件的实体程序之外、对实体程序审理有影响或有必要的其他程序。国际法院根据《国际法院规约》所享有的附带管辖权，使法院有权发布临时保全措施，允许参加诉讼以及解释或修正某一判决。由于这些权力由规约所授予，国际法院行使时不需要国家进一步表示同意。在适当的情形下附带权力可以在争端解决方面发挥建设性的作用。

（一）临时保全措施

临时措施（临时保全，provisional measures），几乎被任何司法程序认为是必不可少的工具，目的是在最终裁决前维护各当事方在国际法院（法庭）的权利。早在1920年，《常设国际法院规约》第41条就规定了该机制。1946年《国际法院规约》继承了该机制，并规定在第41条："① 法院如认情形有必要时，有权指示当事国应行遵守以保全彼此权利之临时办法。② 在终局判决前，应将此项指示办法立即通知各当事国及安全理事会。"

---

① 刘芳雄：《国际法院咨询管辖权研究》，浙江大学出版社2008年版，第33页。
② ［英］J.G. 梅里尔斯：《国际争端解决法》，韩秀丽等译，法律出版社2013年版，第171页。

依据第 41 条,临时措施的功能是保全当事国在最终裁判前,其权利不因一方的行为而消灭或损害。作为一种临时禁令,临时措施的目的是维护任何一个当事方的权利;在国际法院就争端作出最终判决前,保全争端当事国彼此的权利;避免对争端主体事项所涉权利造成不可挽回的伤害。此外,还有两种撤销案件的情形:一是请求国通知国际法院放弃诉讼;二是当事方同意撤销案件,此时国际法院一般会发布指令,将案件从总表中撤销。①

实践中,申请临时保全措施与诉讼进行过程中当事方的权利保护有关,申请临时保全措施的原因主要有两种情况:一是阻止任何一方或者双方当事人破坏现状;二是向其"对手"提供某个既成事实。② 作为国际法院在诉讼过程中的一种附带程序,指示临时措施的实践在冷战后迅速增长。近年来,很多国家通过申请临时措施来防止争端加剧或扩大。例如"冈比亚诉缅甸《防止及惩治灭绝种族罪公约》适用案"(简称"冈比亚诉缅甸案")、"乌克兰诉俄罗斯联邦《防止及惩治灭绝种族罪公约》下种族灭绝指控案"(简称"乌克兰诉俄罗斯案")、"卡塔尔诉阿拉伯联合酋长国《消除一切形式种族歧视国际公约》适用案""伊朗诉美国涉嫌违反 1955 年《友好、经济关系和领事权利条约》案"等。临时措施被广泛适用于国际法各领域,例如国际人权法、国际海洋法、国际仲裁法等。③

(二)允许参加诉讼

国际法院允许一国加入某案件的规定,主要见于《国际法院规约》的第62 和 63 条。

《国际法院规约》第 62 条规定:"① 某一国家如认为某案件之判决可影响属于该国具有法律性质之利益时,得向法院申请参加。② 此项申请应由法院裁决之。"

---

① 王孔祥:《国际法院指示临时措施研究》,《武大国际法评论》2022 年第 4 期,第102 页。

② [英]J.G. 梅里尔斯:《国际争端解决法》,韩秀丽等译,法律出版社 2013 年版,第159—160 页。

③ 薛佳宝:《国际法院临时措施的发展与价值释意:兼议"冈比亚诉缅甸案"临时措施的启示》,《国际法学刊》2023 年第 3 期,第 59 页。

《国际法院规约》第 63 条对判决中涉及条约解释时成员国参与诉讼的情形也作出了规定:"① 凡协约发生解释问题,而诉讼当事国以外尚有其他国家为该协约之签字国者,应由书记官长通知各该国家。② 受前项通知之国家有参加程序之权;但如该国行使此项权利时,判决中之解释对该国具有同样拘束力。"

第 63 条授予一国在案件涉及该国为成员国条约的解释时有权参加诉讼。另外,第 62 条允许一国认为它的"一项具有法律性质的利益可能受到案件判决影响"时有权请求参加诉讼。实践中这两个条款得以"启用"的案例并不太多,其中,第 62 条使(一国)参加诉讼成为法院自由裁量的事项并引发了争议。由于国际法院管辖权的基础是"国家同意"原则,这对于没有出庭的国家而言,第 62 条给予了它们参加诉讼的机会,作用显而易见,但围绕着第 62 条仍有两个相关问题需要解决:① 什么是"具有法律性质的利益"? ② 当一国援引第 62 条参加诉讼时,如何论证该国和案件的主要当事方之间存在"管辖权联系"?

这两个问题在"突尼斯和利比亚的大陆架案"中的表现较为突出。当突尼斯和利比亚这两个北非国家要求法院确认划分两国位于地中海中部的大陆架区域可适用的规则和原则时,第三国马耳他要求参加诉讼,但马耳他与主要当事方之间并无管辖权联系。法院裁定:"马耳他所寻求的参加诉讼的属性表明⋯⋯马耳他所援引的具有法律性质的利益不能视为《国际法院规约》第 62 条所指的'可能受到案件判决的影响'的利益"。①

(三) 解释或修正判决

国际法院修正或解释判决的权力在《国际法院规约》的第 60 和 61 条有所规定。

《国际法院规约》第 61 条是涉及国际法院解释判决的情形:"法院之判决系属确定,不得上诉。判词之意义或范围发生争端时,经任何当事国之请求

---

① Continental Shelf (Tunisia/Libyan Arab Jamahiriya), Application by Malta for Permission to intervene, Judgment (1981), ICJ Rep., p.3.

后,法院应予解释。"

《国际法院规约》第 61 条对法院复核(修正)其判决的缘由和程序也作了规定:"① 申请法院复核判决,应根据发现具有决定性之事实,而此项事实在判决宣告时为法院及申请复核之当事国所不知者,但以非因过失而不知者为限。② 复核程序之开始应由法院下以裁决,载明新事实之存在,承认此项新事实具有使本案应予复核性质,并宣告复核之申请因此可予接受。③ 法院于接受复核诉讼前得令先行履行判决之内容。④ 申请复核至迟应于新事实发现后六个月内为之。⑤ 申请复核自判决日起逾十年后不得为之。"

国际法院修正判决的权力只有在发现新的事实并且这些事实会对判决产生决定性影响的时候才能行使。相反,由于解释判决是一种更为广泛的权力,根据第 60 条的规定可以应任意一方当事人的请求而行使。修正或解释判决与参加诉讼的条款一样鲜少启用,但一旦在适当的场合适用,可以使司法解决更加有效。①

<h2 style="text-align:center">思　考　题</h2>

1. 国际法院与国际常设法院之间是什么关系?
2. 国际法院的诉讼管辖与咨询管辖有哪些不同?
3. 哪些机构有权在国际法院提起咨询案?
4. 国际法院的附带管辖权有哪些类型? 它们有哪些独有的特征?

---

① ［英］J.G. 梅里尔斯:《国际争端解决法》,韩秀丽等译,法律出版社 2013 年版,第 166 页。

第七章 《联合国海洋法公约》与海洋争端解决

 导读

　　本书所讨论的争端解决方法可适用于各种类型的争端,且所有国家皆可使用。除了这些一般性的争端解决方法,一些特定的国家间组织为了解决特殊领域的争端还创立了一些专门性质的争端解决程序,此次专门性质的争端解决机制在其他著述中已有广泛论述。本章仅针对1982年《联合国海洋法公约》中的争端解决进行介绍和评论。

第一节 《联合国海洋法公约》与争端解决机制的历史演进

　　从第一次海洋法会议到第三次海洋法会议,是否将争端解决机制"嵌入"公约的主体一直是一个极有争议的问题。在1958年第一次海洋法会议中,由于各国意见分歧,有关争端解决机制的规定并未获得足够的支持,因此未纳入会议最后通过的《领海与毗连区公约》《大陆架公约》《公海公约》和《捕鱼与养护公海生物资源公约》四个海洋法公约(统称为"日内瓦海洋法四公约")中。有关争端解决机制的规定则以任择议定书的形式单独列出,即1958年《关于强制解决争端的任择签字议定书》(简称《强制解决争端任择议定书》)。① 《强制解决

---

　　① Optional Protocol of Signature concerning the Compulsory Settlement of Disputes, 29 April 1958;《强制解决争端任择议定书》的中、英、法文本,参见 http://treaties.un.org/Pages/showDetails.aspx?objid=08000002800332b0,最后访问日期:2022年8月17日。

争端任择议定书》第 1 条规定："任何海洋法公约之解释与适用所引起的争端均属国际法院强制管辖范围,"如有这类争端,则议定书的当事国得以请求"将该争端提交国际法院"。不过,如果是涉及《捕鱼及养护公海生物资源公约》第 4—8 条的事项,则应适用该公约第 9—12 条的规定。① 《强制解决争端任择议定书》并未获得相关国家的广泛支持,也从未有争端被诉诸该议定书中的程序。② 在 1958 年"日内瓦海洋法四公约"中规定某种形式的强制争端解决程序的是《捕鱼及养护公海生物资源公约》。《捕鱼及养护公海生物资源公约》第 9 条规定:对于某些渔业或海洋生物的争端,除非有关国家同意以其他和平方法解决外,经任何一方请求,应提交五人特设委员会解决。③ 特设委员会应在被指定时 5 个月内就所适用的程序问题做出决定,必要时可以延长,但不得超过 3 个月。委员会决定应根据多数票做出。④ 有关国家受到特设委员会的约束,如果一方不履行依决定应负之义务,《捕鱼及养护公海生物资源公约》第 11 条规定,将适用《联合国宪章》第 94 条第 2 款,即他方可以向联合国安理会申诉。

虽然这些有关争端解决的规定在实践中并未发挥重要作用,但为后来 1982 年《联合国海洋法公约》的谈判提供了重要的指引。首先,《捕鱼与养护公海生物资源公约》与《关于强制解决争端的任择签字议定书》有关国际法院、仲裁、调解和特别委员会程序的规定表明,各国在当时已经意识到需要规定不同的争端解决程序以满足不同国家不同的程序取向。其次,虽然《捕鱼与养护公海生物资源公约》规定,在国家之间发生某些特定争端情况时,经任何一方的请求,应提交 5 人特别委员会,但同时允许有关国家协议诉诸其他

---

① Article 2, Optional Protocol of Signature concerning the Compulsory Settlement of Disputes.

② Donald R. Rothwell & Tim Stephens. *The International Law of the Sea*. Oregon: Hart Publishing, 2010, p.445.

③ Article 9 (1). Convention on Fishing and Conservation of the Living Resources of the High Seas, 29 April 1958;《捕鱼及养护公海生物资源公约》的中、英、法等语言文本,参见 https://treaties.un.org/Pages/showDetails.aspx? objid = 0800000280033dff,最后访问日期: 2022 年 8 月 17 日。

④ Article 9 (5)(7). Convention on Fishing and Conservation of the Living Resources of the High Seas.

和平方法。这种将争端当事国之间的协议置于公约规定的争端解决机制之上的观点,无疑被《联合国海洋法公约》的谈判者继承下来。[①]

在第三次海洋法会议上,各国有关争端解决机制的讨论主要围绕以下问题展开:第一,争端解决机制在《联合国海洋法公约》中的地位。这一争议的核心为是否应规定强制的争端解决程序。最终,《联合国海洋法公约》采用将争端解决作为其整体之一部分的做法,将争端强制解决机制纳入对《联合国海洋法公约》文本整体性的一种保障。第二,争端强制解决机制的具体程序设置。《联合国海洋法公约》最终文本的第十五部分第二节在确保缔约国接受第三方争端解决的前提下,规定了四种有约束力裁判的强制程序,缔约国可以用"自助餐"的方式从中选择,即可以在四种程序中选择一种或者一种以上的程序。第三,对争端解决强制程序予以限制。在第三次海洋法会议上,大多数国家"尽管赞成某种形式和某种程度的争端解决强制程序,但多数情况下更倾向于以对具体事项进行保留的方式建立此类争端强制解决机制。"[②]原因在于一些争端所涉及事项具有高度敏感性,例如沿海国相邻或相向国家的海洋划界争端,而该公约的实体规定又大多比较抽象,许多国家并不愿意将这些争端提交给有约束力裁判的解决程序。[③]

1982 年 12 月 10 日,《联合国海洋法公约》[④]在蒙特哥湾(牙买加)签署,它在国际海洋法的编纂和发展方面具有里程碑的意义。《联合国海洋法公约》包括 307 项条款和 9 份附件,目的是"为海洋建立一种法律秩序。"[⑤]该公约涉及全球综合性的海洋事务,历时 8 年的谈判与磋商才最终达成。《联合国海洋法公约》创建了三个国际实体负责具体的海洋事务:① 国际海底管理

---

① 高健军:《〈联合国海洋法公约〉争端解决机制研究》,中国政法大学出版社 2014 年版,第 3 页。

② Natalie Klein. *Dispute Settlement in the UN Convention on the Law of the Sea*. Cambridge University Press,2009, p.170.

③ 刘丹:《论〈联合国海洋法公约〉第 298 条"任择性例外"》,《国际法研究》2016 年第 6 期,第 4—5 页。

④ 《联合国海洋法公约》的中文文本,参见联合国:《联合国海洋法公约》,http://www.un.org/zh/documents/treaty/UNCLOS-1982,最后访问日期:2023 年 8 月 17 日。

⑤ 高健军:《〈联合国海洋法公约〉争端解决机制研究》,中国政法大学出版社 2014 年版,第 3 页。

局,专门管理和组织在"区域"(第 156、157 条)内的活动;② "区域"界限委员会,就有关国家对其大陆架延伸超过 200 海里界限的提案提出建议(第 76 条和附件二);③ 国际海洋法法庭。①

不仅如此,《联合国海洋法公约》的争端解决机制主要规定在第十五部分中,此外,还包括第十一部分第五节、附件五、附件六、附件七和附件八,总计 100 多个条款。这些条款在造就复杂争端解决机制的同时,也表明争端解决在新海洋法律秩序中的重要作用。②

第二节 《联合国海洋法公约》强制争端解决机制:特点、例外与限制

一般而言,国家同意通常被认为是形成国际法的典型因素,同时也是国家之间主权平等的重要保证,因此,国际法中普遍缺乏强制性的法律机制。《联合国海洋法公约》的争端解决机制具有"整体上的强制性"的突出特征,③但不可否认的是,该公约争端解决机制的"强制性"也存在例外与限制。

一、《联合国海洋法公约》争端解决机制的特点

《联合国海洋法公约》中的"强制性"是其最重要的特征,也是该公约争端解决机制区别于其他国际性争端解决机制的一个突出特征,具体体现为两点:首先,《联合国海洋法公约》并没有采用 1958 年"日内瓦海洋法四公约"规定的将争端解决机制以任择议定书形式供各国自愿选择的方式,而是纳入争端解决机制,并作为其一个整体部分,即《联合国海洋法公约》的第十五部

---

① García-Revillo and Miguel García. *The Contentious and Advisory Jurisdiction of the International Tribunal for the Law of the Sea*. Leiden: Brill, 2015, p.1.

② A. O. Adede. Settlement of Disputes Arising under the Law of the Sea Convention. *American Journal of International Law*, Vol.69, 1975, p.798.

③ 屈广清、曲波:《海洋法》,中国人民大学出版社 2017 年版,第 233 页。

分。其次,公约第309条不允许缔约国对条款作出保留或例外,这样各国在参加公约的同时一揽子接受了整套争端解决机制。该机制不仅用于解决公约本身,而且还扩展至解决与公约有关的其他国际海洋协定的争端。①

由于国际法中普遍缺乏强制性的法律机制,国家同意是国际法的形成和运行基础,因此,《联合国海洋法公约》强制性管辖机制的形成是在平衡各方利益基础上达成的一种政治妥协。在海洋法领域创设强制争端解决机制的想法最初遭到了诸多的质疑和反对,如何在《联合国海洋法公约》中嵌入争端解决机制,谈判方所遇到的首要问题是寻找一种能为所有缔约国都接受的争端解决方法。第三次海洋法大会因此引入了"自助餐模式",即成员国可以自主选择任何和平方式解决争端,公约强制管辖机制仅作为兜底手段;同时允许成员国对某些具体事项以声明的方式进行排除。强制性争端解决机制作为公约整体的一个组成部分最终得以确立下来。②

在《联合国海洋法公约》第十五部分第二节"导致有约束力裁判的强制程序"中,第287条规定:争端解决机构可对"与公约的解释或适用有关的争端"进行管辖;同时,缔约国可以通过署名声明的方式,选择海洋法法庭、国际法院、附件七(仲裁庭)和附件八(特别仲裁法庭)这四种强制程序的一种或一种以上解决争端。如果争端各方都已接受了同一程序,则应当适用该程序,除非争端各方另有协议。然而,如果争端方已接受了不同的争端解决程序(或者其中一方不接受任何的程序),则争端将被提交仲裁裁决。③《联合国海洋法公约》第287条的上述安排解决了争端解决中挑选法院的问题。④

除了第287条,从条文体例上看,《联合国海洋法公约》第二节的后续条款要解决的是与强制性争端解决机制体系"运作"中的相关问题。其第288条规定了事务管辖权这一关键问题,列明了管辖争端的范围,即凡涉及对公

① 高健军:《〈联合国海洋法公约〉争端解决机制研究》,中国政法大学出版社2014年版,第IV—V页。

② 刘惠惠:《联合国海洋法公约附件七仲裁庭强制管辖权的扩张:路径、成因及应对》,《上海法学研究》2023年第3卷。

③ 《联合国海洋法公约》第287条第4—5款。

④ 〔英〕J.G.梅里尔斯:《国际争端解决法》,韩秀丽等译,法律出版社2013年版,第216页。

约以及任何与公约目的有关的国际协定的解释和适用的争端均可提交管辖。第 294 条允许法院或法庭运用强制性管辖权来判定一项诉求是否构成滥用法律程序或者根据初步证明是否有理由。如果法院或法庭判令该项诉求构成滥用法律程序或者初步证明其并无理由，那么，法院或法庭则不应对所质疑的案件采取任何进一步的行动。这条规定是后期添加的，以解决某些沿海国家所关心的问题，这些沿海国家主张其他国家毫无理由地广泛适用公约的行为可能会妨碍它们在专属经济区内行使自己的权力。这条规定类似于《欧洲人权公约》第 35 条第 3 款。

除了强制性，《联合国海洋法公约》争端解决机制还具有调整范围广泛、争端解决程序详尽、法律价值多元这三个突出的特征。[①]

(一) 调整范围广泛

在《联合国海洋法公约》诞生之前，国际上不乏与海洋事项有关的国际条约，而在这些条约中一般也附有相应的争端解决机制，例如 1969 年的《处理北海石油污染合作协定》《国际干预公海油污事故公约》、1972 年的《防治倾倒废物及其他物质污染海洋的公约》等。这些争端解决机制的局限性在于它们因受条约内容的影响，所解决的争端的事项和范围非常狭窄。《联合国海洋法公约》的规定涉及领海和毗连区、用于国际航行的海峡、群岛国、专属经济区、大陆架、公海、岛屿制度、闭海或半闭海、内陆国出入、海底"区域"、海洋环境的保护和保全、海洋科学研究、海洋技术的发展和转让等，覆盖的海洋问题应有尽有，而与其"解释或适用有关的争端"也在《联合国海洋法公约》争端解决机制的适用范围之内。

(二) 争端解决程序详尽

海洋国际争端解决机制的发展呈现出不断细化的演变规律，从相关条约与其争端解决机制的关系看主要分为三类：一是国际条约中仅用个别条款简单地规定争端解决；二是国际条约正文简短规定，但通过附件形式进行补

---

① 屈广清、曲波：《海洋法》，中国人民大学出版社 2017 年版，第 233—234 页。

充;三是在国际条约正文中予以详细规定,随后所涉附件针对前述程序进行详细补充。《联合国海洋法公约》属于最后一类。该公约的第十五部分由解决争端的一般方法、导致有约束力裁判的强制程序以及适用强制程序的限制和例外三部分组成,因此构成了一种同时包括强制程序与非强制程序的机制,并且在其后通过四个附件详细规定了调解程序、国际海洋法法庭、仲裁法庭、特别仲裁庭的组成以及运行程序等。

(三) 法律价值多元

早期的海洋争端解决机制的设立一般仅是为了解决争端,体现出工具性特征,较少考虑相关法律价值的存在与衡平,例如,1974 年《防止陆源物质污染海洋的巴黎公约》第 21 条规定,争端在有关缔约国通过委员会的内部调查或调解等途径仍无法解决时,可单方依照附件提交仲裁。[①] 这项规定否定了争端各方的自由意志,因此,此类机制的参与度和公信力十分有限。而《联合国海洋法公约》不仅有严密而详尽的解决机制,而且在具体程序的设定中体现出对不同法律价值的重视与调和,例如,第 279 条规定"自由选择和平方法解决争端的义务",表面体现了国家的主权意志,实际是在维护自由价值;第292 条关于"迅速释放"的规定保障了船主与船员在"鱼汛期"的利益,以及国家长期扣留一艘油轮对市场的影响等实效价值;第 295 条"用尽当地补救办法"旨在尊重一国主权的基础上维持国际和平秩序。

二、《联合国海洋法公约》争端解决机制的例外与限制

《联合国海洋法公约》第 309 条不允许缔约国对公约条款(含争端解决程序)作出保留或例外,因此,缔约国在接受该公约的同时,也从整体上受到强制争端解决程序的约束,但从制度设计的角度看,《联合国海洋法公约》的强

---

① 《防止陆源物质污染海洋的巴黎公约》(*The Paris Convention on the Prevention of Marine Pollution from Land-Based Sources*),是世界上第一部为防止来自陆地的污染物污染海洋而制定的区域性公约(1974 年 6 月 4 日签订),1976 年 10 月 5 日生效。公约的成员国为东北大西洋沿岸国。

制争端解决程序本身仍然受到该公约第十五部分有关例外和限制性条款的制约。

(一) 强制争端解决程序的例外

《联合国海洋法公约》第三节的标题为"第二节(即争端解决程序)的限制与例外",具体规定了哪些争端可以适用争端解决强制程序以及哪些争端被排除在争端解决强制程序(含强制调解程序)之外。[1] 第 298 条第 1 款允许各国在加入或批准该公约的时候,用声明的方式把一些特殊类别的争端排除在强制争端解决程序之外,即"强制性管辖例外。"[2]

《联合国海洋法公约》第 298 条 适用第二节的任择性例外:

1. 一国在签署、批准或加入本公约时,或在其后任何时间,在不妨害根据第一节所产生的义务的情形下,可以书面声明对于下列各类争端的一类或一类以上,不接受第二节规定的一种或一种以上的程序:

(a)(1) 关于划定海洋边界的第十五、第七十四第八十三条在解释或适用上的争端,或涉及历史性海湾或所有权的争端,但如这种争端发生于本公约生效之后,经争端各方谈判仍未能在合理期间内达成协议,则作此声明的国家,经争端任何一方请求,应同意将该事项提交附件五第二节所规定的调解;此外,任何争端如果必然涉及同时审议与大陆或岛屿陆地领土的主权或其他权利有关的任何尚未解决的争端,则不应提交这一程序;

(2) 在调解委员会提出其中说明所根据的理由的报告后,争端各方应根据该报告以谈判达成协议;如果谈判未能达成协议,经彼此同意,争端各方应将问题提交第二节所规定的程序之一,除非争端各方另有协议;

(3) 本项不适用于争端各方已以一项安排确定解决的任何海洋边

---

① 刘丹:《论〈联合国海洋法公约〉第 298 条"任择性例外"》,《国际法研究》2016 年第 6 期,第 5 页。

② 刘丹:《中菲南海仲裁案核心程序法问题评析》,《中国国际法年刊(2015)》,法律出版社 2016 年版,第 17—19 页。

界争端,也不适用于按照对争端各方有约束力的双边或多边协定加以解决的任何争端。

（b）关于军事活动,包括从事非商业服务的政府船只和飞机的军事活动的争端,以及根据第297条第2和第3款不属法院或法庭管辖的关于行使主权权利或管辖权的法律执行活动的争端;

（c）正由联合国安全理事会执行《联合国宪章》所赋予的职务的争端,但安全理事会决定将该事项从其议程删除或要求争端各方用本公约规定的方法解决该争端者除外。

在第三次海洋法会议上,沿海国所关心的涉及其专属经济区权益的议题贯穿在第298条的整个缔约过程中,有海洋划界、历史性海湾或历史性所有权、军事和执法活动,以及涉及联合国安理会维护和平与安全等相关问题。早在1974年"争端解决非正式工作组"会议上,为这五种类型争端单列特别条款的想法就已被列为考虑范畴,最终第298条第1款所列举的事项被排除在《联合国海洋法公约》第十五部分第二节争端强制解决机制之外,包括海洋划界、涉及历史性海湾或所有权的争端、军事活动争端、执法活动争端、由安理会赋予的执行《联合国宪章》的争端,共计三大类五种类型的争端。截至2023年8月,66个国家在批准《联合国海洋法公约》时,不仅根据第298条,而且还就其是否选择第287条"争端解决强制程序"的四个争端解决机构问题做出表态。[1]

（二）对强制争端解决程序的限制

部分沿海国所关心的专属经济区内特殊权利的问题被纳入《联合国海洋法公约》第297条,即争端解决强制程序的"限制"中。

第297条 适用第二节的限制

1. 关于因沿海国行使本公约规定的主权权利或管辖权而发生的对本公约的解释或适用的争端,遇有下列情形,应遵守第二节所规定的

---

[1] Divisions for Ocean Affairs and the Law of the Sea. Settlement of Disputes Mechanism. https://www.un.org/Depts/los/settlement_of_disputes/choice_procedure.htm.

程序：

（a）据指控，沿海国在第58条规定的关于航行、飞越或铺设海底电缆和管道的自由和权利，或关于海洋的其他国际合法用途方面，有违反本公约的规定的行为；

（b）据指控，一国在行使上述自由、权利或用途时，有违反本公约或沿海国按照本公约和其他与本公约不相抵触的国际法规则制定的法律或规章的行为；

（c）据指控，沿海国有违反适用于该沿海国并由本公约所制定或通过主管国际组织，或外交会议按照本公约制定的关于保护和保全海洋环境的特定国际规则和标准的行为。

可见，根据《联合国海洋公约》第297条第1款，对于一些因沿海国行使公约规定的主权权利或管辖权而发生的"对公约的解释或适用的争端"，沿海国应遵守该《联合国海洋法公约》第十五部分第二节的争端解决程序。这些"对公约的解释或适用的争端"包括：① 沿海国关于航行、飞越或铺设海底电缆和管道的自由和权利，或关于海洋的其他国际合法用途方面有违公约规定的行为；② 一国在行使上述自由、权利或用途时，有违反本公约或沿海国按照公约和其他与公约不相抵触的国际法规则制定的法律或规章的行为；③ 沿海国违反关于保护和保全海洋环境的特定国际规则和标准的行为。

不过，第297条第2、3款特别列举了两类争端。对于这些争端沿海国并无义务提交强制争端程序解决。

第297条　适用第二节的限制

2.（a）本公约关于海洋科学研究的规定在解释或适用上的争端，应按照第二节解决，但对下列情形所引起的任何争端，沿海国并无义务同意将其提交这种解决程序：

（1）沿海国按照第246条行使权利或斟酌决定权；

（2）沿海国按照第253条决定命令暂停或停止一项研究计划。

（b）因进行研究国家指控沿海国对某一特定计划行使第246和第253条所规定权利的方式不符合本公约而引起的争端，经任何一方请求,应按照附件五第二节提交调解程序,但调解委员会对沿海国行使斟酌决定权指定第246条第6款所指特定区域,或按照第246条第5款行使斟酌决定权拒不同意,不应提出疑问。

3.(a)本公约关于渔业的规定在解释或适用上的争端,应按照第二节解决,但沿海国并无义务同意将任何有关其对专属经济区内生物资源的主权权利或此项权利的行使的争端,包括关于其对决定可捕量、捕捞能力、分配剩余量给其他国家、关于养护和管理这种资源的法律和规章中所制订的条款和条件的斟酌决定权的争端,提交这种解决程序。

(b)据指控有下列情事时,如已诉诸第一节而仍未得到解决,经争端任何一方请求,应将争端提交附件五第二节所规定的调解程序:

(1)一沿海国明显地没有履行其义务,通过适当的养护和管理措施,以确保专属经济区内生物资源的维持不致受到严重危害;

(2)一个沿海国,经另一国请求,对该另一国有意捕捞的种群,专断地拒绝决定可捕量及沿海国捕捞生物资源的能力;

(3)一个沿海国专断地拒绝根据第62、第69和第70条以及该沿海国所制订的符合本公约的条款和条件,将其已宣布存在的剩余量的全部或一部分分配给任何国家。

(c)在任何情形下,调解委员会不得以其斟酌决定权代替沿海国的斟酌决定权。

(d)调解委员会的报告应送交有关的国际组织。

因此,沿海国无义务提交强制争端程序解决的主要是渔业争端和涉及海洋科学研究的两大类争端:一是沿海国有关专属经济区内(渔业)主权权利和管辖权之行使事项的争端,具体包括:沿海国对其决定可捕量、捕捞能力、分配剩余量给其他国家的争端,以及沿海国养护和管理渔业资源法律规章中所制定的条款和条件的斟酌决定权的争端。二是有关沿海国专属经济区中海洋科学研究的特定类型争端,具体包括:沿海国行使海洋科学研究权利或斟酌决定权、沿海国决定命令暂停或停止一项研究计划、进行研究的国家指控沿海国对某一特定计划行使权利的方式不符合公约而引起的争端,应提交公约附件五的调解程序(而非第二节的强制争端解决程序)。

第三节　国际海洋法法庭

国际海洋法法庭(International Tribunal for the Law of the Sea, ITLOS)是与国际法院、国际刑事法院并列的国际司法机构。它是依据《联合国海洋法公约》设立的专门解决海洋法争端的常设法庭,总部设在德国汉堡。在公约所确立的争端解决机制中,国际海洋法法庭与国际法院、仲裁法庭、特别仲裁法庭处于同等地位,由缔约国自由选择来解决其解释和适用该公约的争端。

一、国际海洋法法庭的设立

《联合国海洋法公约》中的争端解决机制的雏形,一是美国等提出的建议;二是 1974 年在第三次联合国海洋法会议加拉加斯会议上成立的非正式工作组提出的《关于解决海洋法争端的工作文件》。美国当时建议将国际海洋法法庭而非国际法院作为《联合国海洋法公约》解决海洋法争端的主体机构有三点理由:① 新的海洋法公约将包含许多技术性规定,要求法官要具备公约范围内不同领域的特别能力;②《联合国海洋法公约》中产生的问题不仅关系国际法的一般规定,而且关系对新制度的实施,需要专门性的司法机构来裁定;③ 国际法院只能处理国家间的争端,而有关解释或适用《联合国海洋法公约》的许多争端将产生在国家与(未来)建立的海底管理局之间,或者个人或实体与管理局之间。①

在第三次联合国海洋法会议 1976 年第四期全体会议上,各国代表团对《联合国海洋法公约》的争端解决问题展开官方正式辩论。在来自 72 个国家的代表发言中,对于是否需要设立海洋法法庭有反对、赞同和折中三种不同意见。因此,尽管后来支持设立海洋法法庭的多为发展中国家,但是发达国

---

① A. O. Adede. *The System for Settlement of Dispute under the United Nations Convention on the Law of the Sea*. Martinus Nijhoff Publishers, 1987, pp.15 - 16.

家最早提出设立这一司法机构的构想。①

二、国际海洋法法庭的组成

国际海洋法法庭由独立法官 21 人组成,任期 9 年,连选连任。法官候选人由《联合国海洋法公约》缔约国提出。法官第一次选举由缔约国举行会议以无记名投票方式进行。

法庭的法官需要具有何种资格?《国际海洋法法庭规约》②(简称《ITLOS 规约》)第 2 条第 1 款规定:法官应"从享有公平和正直的最高声誉,在海洋法领域内具有公认资格的人士中选出。"法庭法官作为整体又必须符合什么条件?《ITLOS 规约》第 2 条第 2 款规定:"应确保其能代表世界各主要法系和公平地区分配";第 3 条第 2 款进一步规定:"联合国大会所确定的每一地理区域集团应有法官至少三人。"有学者评价,《ITLOS 规约》要求法庭法官作为整体,既要确保世界主要法系的代表性,又要确保法官席位的公平地域分配,顺应了国际力量对比的变化和国际关系的发展。③

三、国际海洋法法庭的管辖权

(一)属人管辖权

法庭的属人管辖权即当事方的类型如下:一是各缔约国,以及满足《联合国海洋法公约》第 305 条第 1 款的自治联系国、自治领土以及政府间的国际组织。《国际海洋法法庭规约》第 21 条的规定,法庭向《联合国海洋法公约》缔约方开放(即作为《联合国海洋法公约》缔约国的国家和国际组织),《联合国海洋

---

① 吴慧:《论国际海洋法法庭在国际社会中出现的必然性》,《国际关系学院学报》1997年第 2 期,第 2 页。

② Statute of the International Tribunal for the Law of the Sea, https://www.itlos.org/fileadmin/itlos/documents/basic_texts/statute_en.pdf.

③ 吴慧:《论国际海洋法法庭在国际社会中出现的必然性》,《国际关系学院学报》1997年第 2 期,第 3—4 页。

法公约》已有 168 个缔约方。二是缔约国以外的实体,包括两种情况:① 有关组织、企业、自然人和法人。对于《联合国海洋法公约》第 11 部分明文规定的任何案件,除缔约国以外,国际海底管理局、企业部、国营企业、自然人或法人也能成为海底争端分庭的当事方。《国际海洋法法庭规约》第 21 条规定,法庭向缔约国以外的实体,即非《联合国海洋法公约》缔约国的国家或政府间组织,以及国营企业和私营实体开放,"在第 11 部分明确规定的任何情况下,或在根据赋予法庭管辖权的任何其他协定提交的任何案件中,并得到该案件所有当事方的接受"。② 没有成为《联合国海洋法公约》缔约国的国家、自治联系国、自治领土以及政府间的国际组织,在涉及按照案件当事各方所接受的将管辖权授予法庭的任何其他协定提交的任何案件时成为法庭的当事方。① ITLOS 对《联合国海洋法公约》的缔约国开放,并在特定案件中适用于缔约国以外的实体,甚至在特定的情况下包括企业、自然人和法人,这一点构成它与国际法院的一个主要区别(国际法院只允许国家为其当事人)。② ITLOS 成为第一个可以管辖国家与非国家甚至是非国家的个体之间纠纷的全球性常设国际法庭。

从当事方角度看,其接受 ITLOS 管辖的方式有三种:一是任择性的强制管辖,即缔约方在争端发生前已书面声明选择接受国际海洋法庭的管辖;二是自愿管辖;三是协定管辖。

(二)属事管辖

《国际海洋法法庭规约》第 21 条的规定:"法庭对有关《联合国海洋法公约》的解释或适用的任何争端,以及对赋予法庭管辖权的任何其他协定中具体规定的所有事项拥有管辖权。"具体而言,ITLOS 的"属事管辖"的范围包括三个方面:① 按照《联合国海洋法公约》向其提交的有关《联合国海洋法公约》的解释和适用的一切争端和申请;② 根据将管辖权授予法庭的任何其他与《联合国海洋法公约》目的有关的国际协定中具体规定的一切申请;③ 在与《联合国海洋

---

① 赵海峰、刘李明:《国际海洋法法庭:发展中的专业化国际司法机构》,《人民司法》2005 年第 5 期,第 85—86 页。

② 陈滨生:《我国与海洋法公约的争端和解机制》,《当代法学》2002 年第 10 期,第 103 页。

法公约》所包括的主题事项有关的现行有效条约、公约的所有缔约国同意的基础上,法庭可受理有关这种条约或公约的解释或适用的任何争端。因此,ITLOS 管辖的不仅是争端,而且还有申请,即其管辖范围不只是诉讼案件,还包括向法庭请求做出临时措施,以及请求解决船只和船员迅速释放的问题等。①

在《联合国海洋法公约》第 15 部分所规定的四种适用强制争端解决程序的法庭或法院中,ITLOS 虽然只是其中的一种,但该公约的规定在某些方面偏重于海洋法庭,尤其是规定了以下三种特殊争端的强制程序,使国际海洋法法庭在处理海洋争端方面处于重要地位。

一是《联合国海洋法公约》第 292 条规定的船只和船员的迅速释放程序,即"如果缔约国当局扣留了一艘悬挂另一缔约国旗帜的船只……释放问题可向争端各方协议的任何法院或法庭提出,如从扣留时起 10 日内不能达成这种协议,则除争端各方另有协议外,可向扣留国根据第 287 条接受的法院或法庭,或向国际海洋法法庭提出。"该程序适用于涉及外国船只和船员因违反内国法或国际海洋法而被查扣的案件。ITLOS 已经在船只和船员的迅速释放方面形成了比较严密的判例法。

二是《联合国海洋法公约》第 290 条有关临时措施的规定。在当事方将争端交付仲裁的情况下,仲裁庭组成之前如需采取临时措施,争端各方可协议由任何法院或法庭(包括 ITLOS 来决定)。如果在请求采取临时措施之日起两周内不能达成这种协议,则由 ITLOS(在关于区域内活动时,由海底争端分庭)依据《联合国海洋法公约》规定来行使采取临时措施的权力。

三是海底争端分庭专属和排他性的管辖权。对于有关深海采矿,即与国家管辖界限以外的海底洋床及其底土的资源勘探、有关《联合国海洋法公约》条文的解释与适用的争端,海底争端分庭具有专属管辖权。

(三) 咨询管辖

海底争端分庭不仅拥有诉讼管辖权,而且有咨询管辖权。按照《联合国海洋法公约》第 191 条的规定,海底争端分庭经国际海底管理局大会或理事

---

① 金永明:《国际海洋法法庭的组成和程序》,《当代法学》2002 年第 10 期,第 326 页。

会请求,应对它们活动范围内发生的法律问题提出咨询意见。海底争端分庭在执行有关咨询意见的职务时,应受法庭诉讼程序的指导,海底争端分庭的咨询意见应按紧急事项提出。此外,ITLOS 本身虽不具有咨询职能,但为了解决与《联合国海洋法公约》目的有关的国际协定提交的咨询请求,1997 年《国际海洋法法庭规则》第 138 条为法庭增加了咨询的职能。

第四节　海底争端分庭

《联合国海洋法公约》有两处对海底争端分庭进行了规定,分别是国际海底领域管理的第 11 部分第 5 节以及设立国际海洋法法庭的附件 6。对于有关深海采矿,也就是与国家管辖界限以外的海底洋床及其底土的资源勘探和《联合国海洋法公约》相关条文的解释与适用的争端,海底争端分庭具有专属管辖权,即对于海底争端,如果没有以自己选择的和平方法解决,则争端任何一方可以将该项争端提交海底争端分庭,而不需要争端当事人双方发表授予海底争端分庭管辖权的声明。所以,海底争端分庭的管辖对争端缔约国来说是一种强制管辖,而且较之法庭管辖权的强制性更为明确。但是,如果争端各方提出请求,缔约国间的海底争端可提交法庭分庭解决。如果争端当事人一方请求,海底争端分庭应设立专案分庭解决有关争端。

海底争端分庭由 11 位法官组成,每 3 年一个任期,从国际海洋法法庭的 21 位法官中通过选举产生。在选任组成分庭的法官时必须考虑确保选任的法官能够代表世界各主要法系和公平地区来分配。由于分庭中至少有 3 名成员来自一个特定的地理区域,故选任中的选择性因素有时显得十分有限。曾经有人建议,法官的选任应当由政治性实体,例如国际海底管理局大会来主持。然而,由于国际海洋法法庭的法官是由《联合国海洋法公约》的缔约方选任的,国际海底管理局大会参与海底争端分庭法官的选任显得毫无必要,这也得到了普遍的接受,因此,管理局大会仅限于就涉及区域代表和席位分配提出一般性建议。① 海底争端

---

① 《联合国海洋法公约》附件 6,第 35 条第 2 款。

分庭的法定人数是 7 人,出于特定目的可以组成规模较小的 3 人专案分庭。这种"庭中庭"(chamber of a chamber)的组成是由海底争端分庭在征得当事各方同意后决定的。如果争端各方无法对此达成一致意见,则可依照仲裁法庭的组成办法,即由争端各方各选任一名法官,再由双方协议选任,或者必要时由海底争端分庭的主席选任第三名法官。

海底争端分庭所适用的法律须与其管辖事项的性质相符。除了《联合国海洋法公约》第 293 条为所有法庭所适用外,海底争端分庭还应适用按照《联合国海洋法公约》制定的"管理局的规则、规章和程序"以及"对有关区域域内活动的合同事项,适用这种合同的条款"。①

与国际海洋法法庭不同,海底争端分庭的管辖权自动为所有公约缔约国所接受,然而,对特定争端有选择性的程序可供适用。因此,在《联合国海洋法公约》正文中的"自由选择"原则在解决海底争端时再次出现。作为海底争端分庭之外的一种选择方案,国家间涉及海底区域条款的争端可通过国家间协议的方式提交至国际海洋法法庭的一般分庭裁决。另一种可选方案是,如果争端任何一方提出请求,争端可被提交至之前提及的海底争端分庭的专案分庭予以裁决。同样,除当事方另有约定,涉及合同的解释和适用的争端可在任意一方提出请求时,根据《联合国国际贸易法委员会仲裁规则》(UNCITRAL Arbitration Rules)提交至有约束力的商事仲裁。然而,由于仲裁法庭无权解释公约,故此类问题均需提交至海底争端分庭予以裁决。虽然这种"非常规"的规定给实践操作带来了一些困难,但是将商事仲裁已确立的优势与公约统一性解释需求相结合的一种尝试。②

第五节　附件七仲裁与特别仲裁

《联合国海洋法公约》第 281 条第 1 款以"自助餐"的形式为缔约方提供

---

① 《联合国海洋法公约》附件 6,第 38 条。
② 〔英〕J.G. 梅里尔斯:《国际争端解决法》,韩秀丽等译,法律出版社 2013 年版,第 236 页。

了如下四类可以选择的争端解决机构。

"一国在签署、批准或加入本公约时，或在其后任何时间，应有自由用书面声明的方式选择下列一个或一个以上方法，以解决有关本公约的解释或适用的争端：

（a）按照附件六设立的国际海洋法法庭；

（b）国际法院；

（c）按照附件七组成的仲裁法庭；

（d）按照附件八组成的处理其中所列的一类或一类以上争端的特别仲裁法庭。"

根据《联合国海洋法公约》第十五部分第一节的规定，缔约方可以通过协议选择任何和平方式解决争端，所以，争端方可以依传统方法决定成立仲裁庭。根据第二节规定，争端各方可以作出声明指定仲裁为其优先适用的争端解决方式，此处的仲裁将受《联合国海洋法公约》条款的约束。若各国并未根据第二节的规定作出一般性声明，《联合国海洋法公约》规定的仲裁将视为争端双方均已接受强制性程序。本节主要分析第281条中所指向的两种仲裁：按照附件七组成的仲裁法庭（简称附件七仲裁）和按照附件八组成的处理其中所列的一类以上争端的特别仲裁法庭（简称特别仲裁）。

一、附件七仲裁

组成仲裁庭的安排类似于《联合国海洋法公约》有关调解[①]的规定。仲裁员名单由联合国秘书长编制，公约缔约各方有权提名四名仲裁员。被提名者均"应在海洋事务方面富有经验并享有公平、才干和正直的最高声誉"。[②] 此外，除非是多方争端或争端各方之间另有协议，否则，仲裁庭将由五名仲裁员组成，争端方各指定一名仲裁员，包括主席在内的其他三名仲裁员由双方通过协议指定。相比调解委员会，仲裁更强调中立因素，一般仲裁

---

① 参见《联合国海洋法公约》附件5。

② 《联合国海洋法公约》附件7第2条第1款。

庭不包含有本国国籍的仲裁员。仲裁庭组成时,将优先考虑联合国秘书长编制的仲裁员名单上的仲裁员。

关于仲裁程序和相关问题的规定是缔约各方利益平衡的结果。仲裁法庭一般自己决定其程序,以"保证争端各方有陈述意见和提出其主张的充分机会",并采用多数票的办法作出裁决,同时规定:"不到半数的仲裁员缺席或弃权,应不妨碍法庭作出裁决。"按一般实践,仲裁庭的花费由争端当事国承担。争端各方有义务为仲裁法庭的工作提供便利,主要体现在向仲裁庭提供一切有关文件、设备和情报,帮助联络证人及专家,并帮助视察与案件有关的地点。适用该条规定的前提是争端当事国的协助"符合其本国法律并采用一切可用的方法。"

《联合国海洋法公约》关于当事国缺席或者不辩护的规定与《国际法院规约》第 53 条类似。不过,案件一方缺席并不能阻碍仲裁法庭作出裁决。在仲裁法庭作出裁决前,一项重要的条件就是该仲裁庭有管辖权且案件的诉求在事实上和法律上均有理有据。一般经过仲裁裁决的案件将一裁终局。除非争端各方另有约定,否则不再提起上诉。根据第 12 条规定,争端各方之间对裁决的解释或执行方式的任何争议,可由任何一方在任何时候提请由作出该裁决的仲裁庭决定,或者提交各方协议选定的另一法院或仲裁庭决定。

《联合国海洋法公约》中"附件七仲裁"的价值或缺陷在《联合国海洋法公约》生效后的仲裁实践中得以体现。在"赛加号案"中,最初由圣文森特(St. Vincent)和格林纳丁斯(Grenadines)提交至附件七的仲裁法庭。在与被告几内亚(Guinea)达成协议之后,争端被移送至国际海洋法法庭,并在 1999 年作出裁决。与其类似的是,在智利与欧共体的"剑鱼案"中,首先是由智利将争端提交至附件七中的仲裁庭,后经双方协商,案件交由国际海洋法庭的专门法庭(根据《国际海洋法法庭规约》第 17 条第 2 款设立)审理。在"南方蓝鱼鳍金枪鱼案"(Southern Bluefin Tuna)中,澳大利亚和新西兰诉称日本没有履行特定的有关海洋生物资源保护的义务,依据附件七成立的仲裁法庭对《联合国海洋法公约》第 281 条进行限制性解释,否认对此案的管辖权。

"附件七仲裁"因其强制性和保底性得到了频繁使用。然而近年来,附件七仲裁庭出现扩张解释公约的强制管辖条款的趋势,其负面效果就是降低了强制管辖程序的启动门槛，将强制管辖权延伸到《联合国海洋法公约》所排除和限制的事项范围。附件七仲裁庭扩张管辖权的行为在实践中已经出现了负面效果，截至2021年年底，提交到附件七仲裁庭管辖的24个案件中，除无管辖争议的海洋划界案、鲱鱼案及6个被移送至海洋法法庭管辖的案件外，其他案件均对仲裁庭的强制管辖权提出异议。"附件七仲裁庭"有扩张自身强制管辖权的倾向，使得仲裁庭逐渐沦为一些国家借助海洋法争端解决机制攫取谈判筹码和政治利益的工具，这不仅招致了争端方的不满，而且在一定程度上激化了争端方之间的矛盾，引发了广泛质疑和批评。

二、特别仲裁

特别仲裁是《联合国海洋法公约》第286条所指定的具有约束力的争端解决办法之一。《联合国海洋法公约》任一缔约国可以根据第十五部分第二节规定作出声明，表示提前接受特别仲裁。因此当该类争端发生时，争端各方以某种适当的形式交存一份声明，单方即启动特别仲裁程序。可采用特别仲裁形式的争端主要涉及以下事项的解释和运用：渔业、海洋环境的保护和维持、海洋科学研究，以及航行，包括来自船只和倾倒造成的污染。由于对涉及前述类别的所有争端或者具体某些或某项的争端，国家可自由选择接受特别仲裁，考虑到管辖权问题，争端各方所提交仲裁声明的争端必须属于上述争端类型。

为了协助国家成立仲裁法庭，四个领域的四份专家名单分别由以下组织持有：粮农组织、政府间海洋研究委员会、国际海事组织和联合国环境规划署。缔约国在这四个领域分别任命两名"有能力处理法律、科学或者技术方面问题"的专家，被提名专家"均应享有公平和正直的最高声誉"。此处对提名专家法律能力的要求表明，与其说法律能力是解释和适用主要国际条约的资质，不如说是"另一种实用的专门技术"。

特别仲裁法庭的组成规定基本遵照调解的范式而非仲裁的范式。每一方可优先从特定的候选名单中选择两名令其满意的仲裁员，仲裁法庭主席由各方通过协议方式选出。如果仲裁员有空缺，则由联合国秘书长从候选名单中选出而非由国际海洋法法庭主席选任,然而有关特定候选人不合格的规定却是遵照仲裁的有关规定。联合国秘书长在行使其任命的权力时必须与当事国及相关的国际组织商议。

特别仲裁法庭的职责在于作出裁决。然而,附件8第5条规定,特定情况下特别仲裁庭的职能可扩展至对案件事实的调查以及调解。争端各方通过协定可以设立特别仲裁法庭对可适用特别仲裁的争端进行事实调查。同时,除非各方另有协议,特别仲裁庭对事实的调查认定在争端各方之间是具有决定性的。

思 考 题

1.《联合国海洋法公约》争端解决机制有哪些特征?

2. 国际海洋法法庭在管辖权方面有哪些创新? 这些创新在当时对构建国际海洋新秩序有何重要意义?

参 考 案 例

《联合国海洋法公约》附件七仲裁庭对乌俄"沿海国权利案"俄方初步反对作出裁决

2020 年 2 月 21 日,在乌克兰和俄罗斯两国"关于在黑海、亚速海和刻赤海峡中沿海国权利的争端案"(Dispute Concerning Coastal State Rights in the Black Sea, Sea of Azov and Kerch Strait)中,负责审理此案仲裁庭对于俄罗斯提出的"本案仲裁庭对于本案争端无管辖权""初步反对主张"作出裁决。该裁决主要围绕《联合国海洋法公约》第 287 条项下的法庭或者仲裁庭是否对于"陆地领土主权归属争端"享有管辖权的争论展开,就本案而言具体表现为:本案仲裁庭对有关"克里米亚主权归属争端"的争端是否享有管辖权。本案仲裁庭对上述问题作出了否定回答。本案仲裁庭还对三类法律争议点进行了说明:一是负责审理有关《联合国海洋法公约》"解释和适用"争端的法庭或者仲裁庭是否对于"内水"中的事项具有管辖权;二是对于《联合国海洋法公约》第297条第3款(a)项和第298条第1款规定的"强制性管辖的限制和例外"情形的解释和适用,特别是对于两个条款中"关于""军事活动"和"执法活动"的概念的解析;三是对于"争端"的概念的解析;等等。需要引起注意的是,本案仲裁庭对于"执法活动"的概念的解析与ITLOS在其第26号案件中对于该概念的解析存在差异:同样是在承认克里米亚的主权归属存在争议的前提下,本案仲裁庭表示不能判定争议海域"执法活动"的存在,而国际海洋法法庭则认定了"执法活动"的存在。

一、案件背景和程序历史

2014年"克里米亚事件"后,乌克兰针对其声称的俄罗斯因该事件而违反国际法且侵犯其权利的行为分别向联合国大会和安理会、欧洲安全与合作组织等政治性机构,以及国际法院、欧洲人权法院和国际海洋法法庭等司法性机构提起控诉。本案便是乌克兰依据《联合国海洋法公约》的规定,于2016年9月16日发起仲裁程序,请求依据《联合国海洋法公约》附件七组成的仲裁庭对《联合国海洋法公约》的相关条款进行"解释和适用",从而判定俄罗斯在黑海、亚速海和刻赤海峡的相关海域的行为侵犯了乌克兰的"沿海国"权利——开发利用自然资源(包括生物资源)、航行自由、铺设海底电缆和管道的管辖权、保护和保全海洋环境的管辖权以及保护水下文化遗产。乌克兰请求仲裁庭裁决:俄罗斯停止其违法行为并且保证不再重犯;将乌克兰的受损权利恢复原状或者对于乌克兰因此而遭受的损失进行赔偿。

2018年5月21日,俄罗斯依据本案仲裁庭在其成立之初通过的《程序规则》(*Rules of Procedure*)的规定向本案仲裁庭提交"初步反对主张"(Russian Federation's Preliminary Objections),反对本案仲裁庭对于本案争端行使管辖权。本案仲裁庭于2018年8月20日发布"程序命令",决定在当时案件的"初步阶段"(preliminary phase)对于俄罗斯所提交的"初步反对主张"进行审议。2020年2月21日,仲裁庭针对俄罗斯的"初步反对主张"作出裁决;2020年3月16日,裁决公布。

二、本案仲裁庭对于陆地领土主权归属争端有无管辖权的问题

俄罗斯主张,本案争端的核心为乌克兰对于克里米亚的主权主张,而领土主权争端并非《联合国海洋法公约》第286条、第288条第1款规定的"有

关本公约解释和适用"争端，因此，本案仲裁庭对于本案争端无管辖权。乌克兰则主张，本案争端是《联合国海洋法公约》"解释和适用"的争端，因此，本案仲裁庭对于本案争端有管辖权。仲裁庭指出，俄乌双方上述主张体现出二者对于以下问题存在分歧：一是俄乌双方对于克里米亚的主权归属是否存在争端；二是本案争端的性质和定性问题，即本案争端是否为领土主权争端；三是本案仲裁庭的管辖权范围问题，即仲裁庭依据《联合国海洋法公约》第286条、第288条第1款的规定行使管辖权的对象——有关《联合国海洋法公约》"解释和适用"是否包含领土主权争端。

（一）俄乌双方对于克里米亚的主权归属是否存在争端

俄罗斯主张，俄乌双方对于克里米亚的主权归属问题存在争端；乌克兰则主张，克里米亚属于乌克兰，为国际社会所普遍接受，因此，克里米亚的主权归属不存在争端。俄乌双方关于该问题的不同主张具体表现为以下两个方面。

1. 不可受理性(Inadmissibility)的问题

乌克兰指出，联合国大会第68/262号决议呼吁任何国家或者国际组织等不要承认克里米亚法律地位的变更，同时呼吁上述主体避免从事可以被解释为承认这种变更的行为。据此，乌克兰主张，克里米亚属于乌克兰的法律状态为国际社会所普遍接受，本案仲裁庭若是认定克里米亚的主权归属存在争端并且因此而拒绝行使管辖权则是对上述决议的违反，而本案仲裁庭不应当忽视和违反联合国大会决议的规定。乌克兰进一步指出，《国家对国际不法行为的责任条款草案》第41条第2款规定了习惯国际法项下的"不承认原则"(principleof non-recognition)，即任何国家均不得承认第40条含义范围内的严重违背义务行为所造成的情况为合法，也不得协助或援助保持该状况；若本案仲裁庭承认克里米亚的主权归属存在争端，则意味着克里米亚属于乌克兰的法律地位受到挑战以及俄罗斯入侵和吞并克里米亚的合法性，仲裁庭此举是与"不承认原则"相违背的。综上，乌克兰主张，俄罗斯关于"克里米亚存在领土主权归属争端"的主张不具有可受理性。

俄罗斯指出，联合国大会作为政治性机构作出的决议不具有法律约束力，况且联合国大会第68/262号决议的内容并非"要求"或者"决定"，而仅为

"呼吁"。就"不承认原则"而言,俄罗斯指出,《国家对国际不法行为的责任条款草案》第 41 条第 2 款规制的对象仅为国家,不包括本案仲裁庭。本案仲裁庭无权判断是否存在《国家对国际不法行为的责任条款草案》第 40 条规定的"严重或系统性""违背依一般国际法强制性规范承担的义务"的行为。此外,俄罗斯指出,联合国大会第 68/262 号决议呼吁相关主体不要承认克里米亚主权归属变更的"法律状态",联合国大会决议规制相关主体对于克里米亚主权归属变更的"合法性审查",而非克里米亚的主权归属存在争端的"事实"。综上,俄罗斯主张,其关于"克里米亚存在领土主权归属争端"的主张具有可受理性。

2. 不合理性(Implausibility)的问题

乌克兰指出,为防止俄罗斯恶意阻碍诉讼,本案仲裁庭应当对于俄罗斯所持"俄乌双方对于克里米亚的主权归属存在争端"的主张进行合法性审查,为此,俄罗斯应当向本案仲裁庭提供充分的证据支持其该主张。乌克兰进一步指出,克里米亚属于乌克兰的法律状态为国际社会所普遍接受,在此情形下,俄罗斯仍质疑克里米亚的主权归属问题显然不具有合理性,并且,俄罗斯未能向仲裁庭提供充分的证据证明相应主张。因此,乌克兰主张,俄罗斯的上述主张不具有合理性,仲裁庭不应该支持。

俄罗斯指出,《联合国海洋法公约》第十五部分和附件七均未规定本案仲裁庭进行"合法性审查"的法律基础,并且,乌克兰为支持其"合法性审查"主张而援引的其他案件与本案件情形存在差异,因此,相关案件并不能够用以证明本案中"合法性审查"的适用。俄罗斯主张,本案"合法性审查"的适用不具有法律依据。俄罗斯进一步指出,自克里米亚的主权于 2014 年发生变更后,俄罗斯持续对于克里米亚行使主权,并且在多种国际场合表达其对克里米亚的主权主张,因此,俄乌双方对于克里米亚的主权归属争端显而易见,并非俄罗斯恶意捏造以达到阻碍本案诉讼的目的。

(二)本案争端的性质和定性问题

在俄乌双方对于克里米亚的主权归属存在争端的情况下,俄罗斯指出,乌克兰将本案争端定性为"沿海国在黑海、亚速海和刻赤海峡的权利"争端,而对于"沿海国权利"的判断首先需要仲裁庭确认乌克兰是否为本案争端所涉的黑海海域、亚速海海域和刻赤海峡的沿海国,仲裁庭的此种确认将完全依赖于对克里米亚主权归属的判断。因此,乌克兰提起本案仲裁的真实目的是强化其对于克里米亚的主权主张。俄罗斯认为,克里米亚的主权归属争端并非附属于《联合国海洋法公约》"解释和适用"而存在,而是本案争端的核心,因此,本案争端的性质是俄乌两国对于克里米亚领土主权归属争端。

乌克兰主张,其使用"沿海国"的表述并不能够引发其是否为争端所涉海域的沿海国的争议,乌克兰毫无疑问是争端所涉海域的沿海国;克里米亚的主权归属问题在本案争端产生之前已有定论,仲裁庭对于该问题的确认并不能够强化克里米亚属于乌克兰的既定法律状态,因此,对于克里米亚的主权主张并非乌克兰提起本诉讼的目的。此外,乌克兰援引"查戈斯群岛海洋保护区仲裁案"仲裁庭的意见——法庭或者仲裁庭为解决有关《联合国海洋法公约》"解释和适用"的争端,可以适用规制该类争端以外事项的其他法律规定,并指出,即使该案争端涉及俄乌双方对于克里米亚的主权归属,也是附属于该案争端的核心——有关《联合国海洋法公约》"解释和适用"的争端而存在,因此,该案在性质上仍是关于《联合国海洋法公约》"解释和适用"的争端。乌克兰进一步指出,本案争端的核心为对于乌方海洋权利的保护,而并非谋求克里米亚的主权;不能因为2014年的克里米亚事件与本案存在因果关系而将本案争端的性质认定为领土主权争端,克里米亚事件仅作为本案争端的背景而存在,并不能决定本案争端的性质。

(三)本案仲裁庭的管辖权的范围问题

俄罗斯指出,《联合国海洋法公约》并不包含涉及陆地领土主权的任何条款,也未有任何条款因其规定而导致其他国际条约或者习惯国际法中涉及陆地领土主权的条款的适用;《联合国海洋法公约》的目的和宗旨是建立一套有关海洋的法律制度,并不涉及与海洋邻接的陆地。俄罗斯进一步指出,依据《联合国海洋法公约》第298条第1款的规定,既然"划定海洋边界"的争端可以排除《联合国海洋法公约》规定的强制性争端解决程序的适用,那么,若《联合国海洋法公约》涉及陆地领土的主权归属问题,则由该问题引发的争端也必然应当在可以排除适用强制性争端解决程序的事项之列,而《联合国海洋法公约》对此没有提及则表明陆地领土的主权归属问题根本不属于《联合国海洋法公约》规制的范围,有关《联合国海洋法公约》"解释和适用"的争端也不包含陆地领土的主权归属争端。综上,俄罗斯主张,本案仲裁庭无权对于本案的陆地领土主权归属争端行使管辖权。

乌克兰再次援引"查戈斯群岛海洋保护区仲裁案"仲裁庭的意见指出,本案仲裁庭为了解决《联合国海洋法公约》"解释和适用"的争端,有权对该争端以外的其他事项包括领土主权事项进行审查,只要该争端的核心仍为关于《联合国海洋法公约》"解释和适用"的争端,因此,即便依据俄罗斯的上述主张,有关《联合国海洋法公约》"解释和适用"的争端不包含领土主权争端,则至少在部分案件中,法庭或者仲裁庭仍有权处理前置于《联合国海洋法公约》"解释和适用"争端的领土主权争端,案件当事方的领土主权声索并不能当然排除法庭或者仲裁庭依据《联合国海洋法公约》第286条和第288条第1款的规定享有管辖权。

(四)仲裁庭裁决

仲裁庭指出,判定克里米亚的主权归属和相关争议海域的"沿海国"是本案仲裁庭进行有效裁判的必要前提。此外,仲裁庭指出,法庭或者仲裁庭原则上对于领土主权归属争端无管辖权,除非该领土主权争端属于有关《联合国海洋法公约》"解释和适用"的争端而存在。在此情形下,仲裁庭进一步指出,上述俄乌双方争议的焦点为:① 俄乌双方是否对于克里米亚的主权归属存在争端;② 该主权归属争端是否属于有关《联合国海洋法公约》"解释和适用"的争端而存在。仲裁庭分别就上述问题进行了论证。

1. 裁决俄乌双方对于克里米亚的主权归属存在争端

仲裁庭指出,依据国际法学的理论和实践,争端(dispute)是指争端当事方因对于事实认定和法律适用的不同主张而导致的权益冲突;一方仅单纯反对另一方主张或者表明双方利益冲突的存在并不能够证明"争端"的存在,"争端"方必须在事实认定和法律适用方面形成鲜明的观点对立。据此,仲裁庭指出,2014年"克里米亚事件"后,俄罗斯多次在国际组织或者国际会议等不同国际场合表达自身与乌克兰就事实认定和法律适用所持的不同主张,因此,俄乌双方对于克里米亚的主权归属问题存在争端。在此情形下,本案仲裁庭指出,依据"争端"的概念便可以判定俄乌双方关于克里米亚领土主权归属争端的争端是否存在,不必引入乌克兰主张的"合理性审查"。况且,仲裁庭依据现有国际法并不能判定"合理性审查"的存在。就"可受理性"而言,针对乌克兰所援引的联合国大会第68/262号决议的效力,仲裁庭指出,联合国大会决议本身不具有法律拘束力,但当其对习惯国际法的存在和内容进行确认时,则其具有法律拘束力;在本案中,联合国大会第68/262号决议仅使用"劝导性"的语言,且许多国家对此弃权或者投反对票,因此该决议并非如乌克兰所言为国际社会普遍接受。因此,本案仲裁庭判定,俄乌双方对于克里米亚的主权归属存在争端。

2. 裁决克里米亚主权归属争端并非附属存在

仲裁庭指出,俄乌双方对于克里米亚的主权归属争端并非附属于《联合国海洋法公约》的"解释和适用"争端而存在;相反,判定克里米亚的主权归属和"沿海国"的法律地位是判定乌克兰主张的必要前提,本案的"相对权重"(Relative Weight)并非属于《联合国海洋法公约》的"解释和适用"争端。

3. 裁决结果

仲裁庭裁决,其对于乌克兰以判定克里米亚领土主权归属为前提的主张没有管辖权。

三、本案仲裁庭对于"内水"水域有无管辖权的问题

(一)俄罗斯主张

除上述本案仲裁庭对于陆地领土主权归属争端无管辖权的主张外,俄罗斯进一步指出,因为亚速海和刻赤海峡均为内水,本案仲裁庭对于内水中的活动无管辖权,这进一步表明本案仲裁庭对于本案争端无管辖权。俄罗斯指出,沙皇俄国长期将亚速海和刻赤海峡作为内水进行管辖,苏联亦通过国内立法确认了上述水域的内水地位,特别是苏联加入1958年《领海和毗连区公约》后,依据该公约第7条的规定在刻赤海峡划定海湾封口线,从而将亚速海和刻赤海峡划为苏联内水。据此,俄罗斯进一步指出,依据"国家继承"和"历史性权利"原则,因俄乌两国未在苏联解体后通过明示或者明确的默示方式改变亚速海的法律地位,因此亚速海和刻赤海峡作为俄乌两国的"共同内水"(common internal waters)而存在;又因为克里米亚并入俄罗斯后,刻赤海峡两岸均为俄罗斯领土,因此俄罗斯对于刻赤海峡享有

完全和排他的主权。此外,针对乌克兰提出的并不存在"多国内水水域"（pluri-state internal waters），即并不存在"共同内水"的主张,俄罗斯指出,《联合国海洋法公约》并不否认被两国或者多国包围的海域可以构成内水水域。俄罗斯认为,被萨尔瓦多、洪都拉斯、尼加拉瓜三国包围的丰塞卡湾（Gulf of Fonseca）被国际法院认定为是内水;皮兰湾（Bay of Piran）作为南斯拉夫社会主义联邦共和国（简称南斯拉夫）的内水,在南斯拉夫解体后,被克罗地亚和斯洛文尼亚两国包围的皮兰湾也被国际仲裁庭认定为是内水。此外,俄罗斯还指出,坦桑尼亚和莫桑比克、巴西和法国,以及乌拉圭和阿根廷均签订协议,承认毗连其陆地领土海域的"共同内水"地位。

（二）乌克兰主张

乌克兰否认存在以上国际法规则,即两个或者多个继承国可以自动继承原属于被继承国一国的内水,从而使得该内水在继承国之间形成共同内水。与之相反,乌克兰主张,某海域只有当其沿海国为一国时方可构成该国内水,该内水随着该国分裂为两个或者多个该内水的沿海国而丧失其内水地位,除非该内水的两个或者多个沿海国通过明确一致的协议确定相关水域的内水地位。乌克兰亦否认相关海域的"历史性海湾"法律地位,主张其是依据《联合国海洋法公约》规定划定的"法律性海湾"。同时,乌克兰进一步指出,要求新独立的国家通过与相关国家签订协议方可逃离"共同内水"制度的做法与"国家主权原则"不符。因此,乌克兰主张,在苏联解体后,亚速海和刻赤海峡应当自动适用《联合国海洋法公约》的规定从而使得其沿海国在其中划定相应的领海和专属经济区等,进而言之,亚速海应当适用《联合国海洋法公约》规定的"闭海和半闭海"制度,刻赤海峡应当适用《联合国海洋法公约》规定的"用于国际航行的海峡"制度。此外,即使仲裁庭认定存在所谓的"共同内水",共同内水的存在亦应当受到以下条件的限制:"共同内水"水域不足以达到划定专属经济区的宽度。具体而言,乌克兰认为,如果允许共同内水水域扩展到足以划定专属经济区的宽度,则将打破《联合国海洋法公约》努力实现的沿海国权利与第三国权利和自由之间的平衡,使第三国的权利受损。综上,乌克兰不承认亚速海的共同内水的法律地位以及俄罗斯对于刻赤海峡的完全和排他主权。

（三）仲裁庭裁决

仲裁庭指出，若要判断亚速海和刻赤海峡是否为"内水"，须对俄乌两国在苏联解体后针对相关海域签订的协议内容，以及包括海上航行、海洋自然资源开发和海洋环境保护在内的实践进行审查，同时须对相关海域是否存在历史性权利进行审查。因上述审查涉及诸多实体问题，所以，仲裁庭认为该审查不具备"完全的初步性质"（exclusively preliminary character），并裁决将上述争议问题留待实体程序进行处理。

虽然本案仲裁庭因上述争议不具备"完全的初步性质"而未对亦无须对亚速海和刻赤海峡的"内水"地位与"历史性权利"等问题进行审查，但是本案仲裁庭明确指出，内水的构成受到《联合国海洋法公约》的规制，且《联合国海洋法公约》第8条第2款规定了特殊内水水域内的无害通过制度，因此，内水的活动并非完全与《联合国海洋法公约》无关。此外，仲裁庭指出，国际海洋法法庭针对"分区域渔业委员会提交的咨询意见请求案"发布的咨询意见明确了海洋环境的保护适用所有海域，在本案仲裁庭看来，所有海域当然包括内水。因此，本案仲裁庭指出，俄罗斯关于本案仲裁庭无权管辖内水内事项的主张不具有完全的说服力，仲裁庭更倾向于认为内水内的事项并不完全处于《联合国海洋法公约》的规制范围之外。

四、关于"强制性管辖的限制和例外"的问题

（一）对于强制争端解决程序的"限制"分析

《联合国海洋法公约》第297条第3款（a）项规定："对本公约关于渔业的规定在解释或适用上的争端，应按照第二节解决，但沿海国并无义务同意将任何有关其对专属经济区内生物资源的主权权利或此项权利的行使的争端，包括关于其对决定可捕量、其捕捞能力、分配剩余量给其他国家、其关于养护和管理这种资源的法律和规章中所制定的条款和条件的斟酌决定权的争端，提交这种解决程序。"

俄罗斯因乌克兰的主张涉及"生物资源"，故依据《联合国海洋法公约》第297条第3款（a）项的规定主张排除本案仲裁庭对于本案争端的管辖权。乌克兰则指出，《联合国海洋法公约》第297条第3款（a）项的规定仅规制一国在其专属经济区内关于生物资源的"可捕量、捕捞能力、分配剩余

量"等争端,而在本案中,俄罗斯对于乌克兰专属经济区的不当主权主张和管辖权主张,导致相关专属经济区的归属不明,因此本案情形显然不适用于《联合国海洋法公约》第 297 条第 3 款(a)项的规定。仲裁庭同意乌克兰的上述主张,指出因在本案中不能够判定相关专属经济区在俄乌两国间的归属,故该案不符合《联合国海洋法公约》第 297 条第 3 款(a)项规定的适用条件。

(二)对于强制争端解决程序的"任择性例外"分析

《联合国海洋法公约》第 298 条第 1 款规定:"1. 一国在签署、批准或加入本公约时,或在其后任何时间,在不妨害根据第一节所产生的义务的情形下,可以书面声明对于下列各类争端的一类或一类以上,不接受第二节规定的一种或一种以上的程序:

(a)(1) 关于划定海洋边界的第 15、74 和 83 条在解释或适用上的争端,或涉及历史性海湾或所有权的争端……

(b) 关于军事活动,包括从事非商业服务的政府船只和飞机的军事活动的争端,以及根据第 297 条第 2 和第 3 款不属法院或法庭管辖的关于行使主权权利或管辖权的法律执行活动的争端。"

由《联合国海洋法公约》第 298 条第 1 款的上述规定可知,该公约缔约国可以书面声明对于以下四类争端排除本案附件七仲裁庭(亦包括《联合国海洋法公约》第 287 条规定的国际海洋法法庭、国际法院、附件八特别仲裁庭)的强制管辖:涉及军事活动、执法活动、海洋划界和历史性海湾或所有权的争端。

俄罗斯指出,俄乌两国均在该案争端产生前依据《联合国海洋法公约》第 298 条第 1 款的规定书面声明排除法庭或者仲裁庭对于上述四类争端的管辖,因此,即使本案仲裁庭裁决其对于领土主权争端和内水中的事项享有管辖权,但是因该案争端涉及军事活动、执法活动、海洋划界和历史性海湾或所有权,故应当排除本案仲裁庭对于本案争端的管辖。

乌克兰则反对俄罗斯的上述主张,认为该案争端并不涉及军事活动、执法活动、海洋划界和历史性海湾或所有权,因此,本案仲裁庭无权依据《联合国海洋法公约》第 298 条第 1 款的规定排除对本案的管辖。

（三）仲裁庭裁决

本案仲裁庭分别对"军事活动、执法活动、海洋划界和历史性海湾或所有权"四类"强制性管辖的限制和例外"情形进行了分析。

1. 对于"军事活动"的分析

仲裁庭指出,不能仅因军事力量的参与而判定某活动为军事活动,同时,不应当对《联合国海洋法公约》第298条第1款中的"关于"(concerning)作过于宽泛的解释,"关于"不同于"出现于"（arising from）或者"牵涉"(involving)。具体至本案,即不能单纯因为本案争端与俄乌双方的军事活动存在因果关系(causal link)而判定本案争端为"关于""军事活动"的争端,"军事活动"仅作为本案争端的大背景而存在,判断本案争端的性质须集中于本案争端涉及的特定行为本身。综上,本案仲裁庭拒绝接受俄罗斯关于"军事活动"的主张。

2. 对于"执法活动"的分析

仲裁庭指出,一国进行海上"执法活动"的前提为该国有权对于相关海域行使主权权利或者管辖权。在本案中,因俄乌两国对于克里米亚的主权归属存在争端,从而导致两国对于相关海域的主权权利和管辖权存在争议,在此权利不明的情形下,缺乏判定是否存在"执法活动"的必要前提,更无从判定本案争端是否关于"执法活动"的争端。因此,本案仲裁庭裁决,"执法活动"的例外在本案中并不满足适用条件,进而驳回了俄罗斯的相关主张。

3. 对于"划定海洋边界"的分析

仲裁庭指出,海洋划界争端的实质为争端当事方权利的重叠和冲突,因此判断是否存在海洋划界争端的前提为判断争端各方的权利是否存在,以及争端各方的权利是否存在重叠和冲突。本案进行上述判断的必要条件为对于克里米亚的主权归属作出判断,而本案仲裁庭已经裁决其对于陆地领土主权归属争端无管辖权,因此,仲裁庭不认为"划定海洋边界"的例外情形可以在本案中予以适用,进而驳回了俄罗斯的相关主张。

4. 对于"历史性海湾或所有权"的分析

仲裁庭认为对于该问题的分析并不具有"完全的初步性质",因此将其留待实体程序进行解决。

五、关于《联合国海洋法公约》附件八规定的"特别仲裁"程序的适用问题

依据《联合国海洋法公约》附件八的规定,《联合国海洋法公约》缔约国有关渔业、保护和保全海洋环境、海洋科学研究、航行四个方面的争端,可以约定提交《联合国海洋法公约》附件八规定的"特别仲裁"程序予以解决。乌克兰在1999年批准《联合国海洋法公约》时声明其对于上述四类争端将提交《联合国海洋法公约》附件八"特别仲裁"程序予以解决。据此,俄罗斯主张,本案乌克兰主张中涉及关于渔业、保护和保全海洋环境以及航行的部分,应当提交附件八"特别仲裁"程序,而非本案的附件七仲裁庭。

乌克兰则主张,《联合国海洋法公约》附件八规定的"特别仲裁"程序仅适用于单纯有关渔业、保护和保全海洋环境、海洋科学研究和航行的争端,而本案的争端超出了上述四类争端范围,因此应当适用更为"主要"或者"基础"(principal or basic)的解决《联合国海洋法公约》项下争端的附件七仲裁程序。乌克兰进一步指出,若是将有关渔业、保护和保全海洋环境、海洋科学研究和航行的争端与本案的其他争端割离,将导致本案争端分别由"附件七仲裁程序"和"附件八特别仲裁程序"分别予以处理的情形,如此将违背《联合国海洋法公约》争端解决程序的"公平和有效"(fair and efficient)原则。

仲裁庭指出,本案有关渔业、保护和保全海洋环境以及航行的争端并不能够与其他争端割裂而独立存在,而是作为本案争端的整体的部分而存在。在此情形下,若将争端的整体强行分割而交由不同的司法机构进行处理,则将导致"争端的碎片化"(fragmentation of the dispute),增加案件的诉讼成本,不利于司法裁判的统一。因此,仲裁庭驳回了俄罗斯提出的本案部分争端应当由《联合国海洋法公约》附件八"特别仲裁"予以管辖的主张。

第八章 国际贸易争端解决

 导读

 各种国际贸易交往或者各种国际贸易活动中产生的争端所涉及的主体既有私人主体,也有国家和国际组织。20世纪中叶,解决涉及国际贸易争端的特别安排开始发展。二战后,经过《关税和贸易总协定》(《关贸总协定》)和世界贸易组织(World Trade Organization,WIO),在国际贸易领域形成了一套"准司法"的和平解决国际经济贸易争端的机制。WTO体系下的争端解决机制被称为WTO"皇冠上的明珠",为多边贸易体制的运行提供了充分的可靠性和可预见性保障,这是国际法上和平争端解决法的重大发展。① 本章侧重介绍世界贸易组织争端解决机制。

第一节 从《关贸总协定》到世界贸易组织

一、从《关贸总协定》到世界贸易组织的历史沿革

 最初对1947年《关税和贸易总协定》(*General Agreement on Tariffs*

---

 ① 关于WTO争端解决机制对和平解决国际争端法的发展和意义,参见余敏友:《世界贸易争端解决机制法律与实践》,武汉大学出版社1998年版;朱揽叶:《世界贸易组织国际贸易纠纷案例评析》,法律出版社2000年版;张乃根:《论WTO争端解决机制的几个主要国际法问题》,《法学评论》2001年第5期;[英]J.G.梅尔斯:《国际争端解决法》,韩秀丽等译,法律出版社2013年版,第248页;许军可、王佳:《国际争端解决》,中国政法大学2023年版,第192—193页;等等。

and Trade，简称《关贸总协定》或 GATT1947）的设计定位，是促进关税自由化的临时协定，通过成立新组织，即国际贸易组织（International Trade Organization，ITO）来创立永久性安排。然而，由于美国的反对，国际贸易组织未成立。结果《关贸总协定》成了一个极为复杂的常设机制，逐渐发展为一种由多个机构组成并享有决策权力的组织，最终包含 200 多份多边贸易协定。《关贸总协定》虽然通过一些方式解决了因国际贸易组织创立失败而留下的部分问题，但仍遗留了大量问题。在《关贸总协定》未涉及的领域，例如服务、人员、资金的跨国流动，贸易保护主义者重新"吹响"了行动的号角，一些国家甚至在《关贸总协定》规定的范围内常常无法履行其义务。

在一系列艰难的谈判后，乌拉圭回合谈判于 1994 年结束，各国签署了最后文本，包括《马拉喀什建立世界贸易组织协定》（Agreement Establishing the World Trade Organization，简称《WTO 协定》），协定于 1995 年 1 月生效。《WTO 协定》的宏大目标不仅包括创立一个世界贸易综合法律机制，而且重建国际经济秩序的基础。为了实现这一目标，《建立世界贸易组织协定》创设了一个全新的国际组织，即世界贸易组织（World Trade Organization）以保证结构上的统一，并且将所有《关贸总协定》的旧协议及 30 份乌拉圭回合新协议中的综合实质性规定，整体纳入单一法律框架中。其中，乌拉圭回合的新协议还规定了例如服务贸易这类之前未规定的问题。新达成的《关于争端解决规则与程序的谅解》（Understanding on Rules and Procedures Governing the Settlement of Disputes，DSU）作为总协定的附件，对争端解决作出了规定。

二、GATT 争端解决机制及其与 WTO 争端解决机制的不同

GATT1947 存续的近半个世纪里，《关贸总协定》解决了数百起争端，推动了贸易自由化的进程。1948 年《关贸总协定》开始临时适用，同年，第一次争端就产生了，在其近 50 年临时适用期间，共有 316 起争端被提交到《关贸总协定》之下。这些争端解决的程序是在《关贸总协定》第 22 和 23 条基础上不断发展出来的一套规则和实践。在新贸易争端出现的同时，缔约方根据现

实需求又进一步调整程序。《关贸总协定》争端解决的经验为世贸组织争端解决谅解(DSU)的谈判,提供了进一步的经验和信息。①

GATT 争端解决机构在促进国际贸易领域的法治化、抑制国际贸易靠"权力型外交"运作并将其引导进入"规则型法律轨道"(尤其是为广大发展中国家提供了较大的保障)、解释 GATT 条文等方面发挥了积极作用。然而,GATT 争端解决机构在处理上述争端中总是力不从心,这些情况的出现固然与该争端解决机构先天不足(即 GATT 本身并非一个正式组织)有关,但更与该机制本身存在的严重法律缺陷紧密相关,具体表现为:① GATT 争端解决机构内部缺乏协调性;② GATT 争端解决机构内部缺乏明确的程序期限;③ GATT 争端解决机构无力解决部分缔约方的拖延和阻挠问题;④ GATT 争端解决机构的管辖权有限;⑤ 关贸总协定实体法规混乱;等等。②

与 GATT 争端解决机构的争端解决规则相比,WTO 在解决成员间的争端方面体现出更高的权威性和有效性。GATT 争端解决机制最突出的问题是专家组作出的裁决需要"一致通过"才能发生约束力,即需要 GATT 委员会全体协商一致通过,而在争议解决中败诉方可以通过"一票否决"的方式阻止任何对其不利的裁决发生效力。而 WTO 争端解决机制和 GATT 争端解决机制的不同在于:WTO 对争端解决机构裁决报告通过采取的是"一致通过,除非一致不通过"的原则,即"反向一致",这等于保证裁决的自动通过,同时还配合上诉审查制度和报复机制,使争端解决机制在成员方之间发挥了强有力的约束作用。③

三、WTO《关于争端解决规则与程序的谅解》

《WTO 协定》附件 2 下的 DSU 全面而系统地建立了 WTO 争端解决机

---

① WTO. GATT (1948—1995) (Volume II), www.wto.org/english/res_e/booksp_e/gatt4895vol12_intro_e.pdf.

② 曹建明、贺小勇:《世界贸易组织》,法律出版社 2004 年版,第 356—359 页。

③ John. H. Jackson. *The WTO and Changing Fundamentals of International Law.* Cambridge University Press, 2006, pp.137-144.

制的运行规则,补救了 GATT 争端解决机制的不足,这也是乌拉圭回合谈判的最重要的成果之一。

DSU 由 27 条和 4 个附件组成,其中对争端解决的基本方法与程序作出了详细的规定,适用于《WTO 协定》本身及其 4 个附录中除贸易政策审议机制以外的所有协议。DSU 第 3 条第 2 款规定:"世界贸易组织的争端解决制度是为多边贸易体制提供保证和可预见性的一个重要方面。各成员承认该制度用以保障各成员有关协议项下的权利和义务,以及按照国际公法解释的习惯规则,澄清有关协议的现有条文。争端解决机构的各项建议和裁决不得增加或减少各有关协议所规定的权利和义务。"可见,解决争端和澄清现有规则是 WTO 争端解决机制的两大职责,具体由争端解决机构(DSB)负责运作。DSB 聘请国际经贸法律专家组成专家组对案件的事实和法律问题进行全面审查。根据当事方的请求,上诉机构可以对专家组报告中的法律问题进行上诉审查。虽然由于专家组和上诉机构的裁决约束当事方,但由于争端解决先案裁决在实践中产生了指导作用,DSB 规则澄清职能并不只作用于特定案件的争议解决,甚至其对 WTO 规则体系的建构和发展也产生了影响。[1]

第二节　WTO 争端解决机构程序

正如 WTO 时任总干事鲁杰罗所说:"世界贸易组织的所有成就中若不提及争端解决机制将是不完整的,而该机制在许多方面既是整个多边贸易体系的中流砥柱,也是 WTO 对全球经济稳定的最大的、最突出的贡献。"[2] WTO 争端解决机制设立了严密的争端解决规则,通常争端解决程序主要划分为"磋商—专家组程序—上诉程序—执行程序"这几个阶段(见图 8-1)。

---

[1]　许军可、王佳:《国际争端解决》,中国政法大学出版社 2023 年版,第 194 页。

[2]　商务部:《WTO 争端解决机制的基本程序》,chinawto. mofcom. gov. cn/article/dh/cyjieshao/201508/20150801085176. shtml,最后访问日期:2024 年 6 月 1 日。

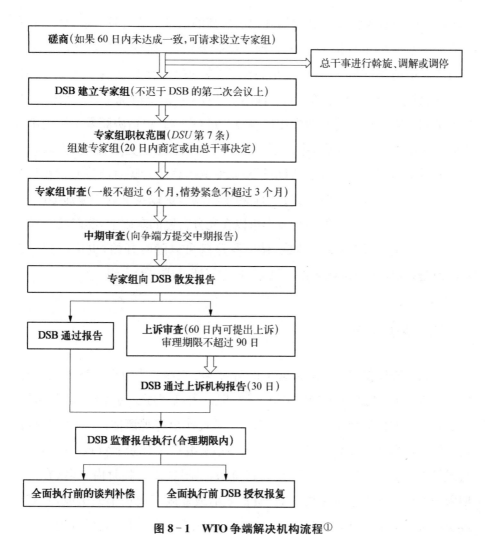

图 8 - 1　WTO 争端解决机构流程①

一、磋商

磋商是争端解决机制的首要程序,其既是争端当事方自行解决争端的一种方法,也是 WTO 成员解决贸易争端的主要办法。关于磋商的规定集中在 *DSU* 的第 4 条。*DSU* 规定,任何一个成员方可以就另一成员方在其境内采

①　许军可、王佳:《国际争端解决》,中国政法大学出版社 2023 年版,第 207 页。

取的影响任何有关协议实施的措施提出磋商的请求。争端发生后,要求磋商一方的申请应通知 DSB 及有关的理事会和委员会,接到磋商申请的成员方应自收到申请之日起 10 日内作出答复,并在 30 日内(紧急情况下 10 天内,例如易腐烂的产品)进行磋商,60 日内解决争端(紧急情况下 20 天内)。收到申请的一方未在上述日期内作出答复或进行协商(包括协商未果),则申请磋商方可要求成立专家组,进入下一程序。如果在磋商过程中,双方认为不可能通过磋商解决争端,也可以更早进入专家组程序。磋商环节通常在日内瓦进行,由驻日内瓦外交官、驻各国首都的贸易官员以及争端方律师参加。

DSU 还规定,有关争端当事人可以在充分自愿的基础上,随时将争端提交第三方斡旋、调解解决。斡旋、调解程序既可以随时开始,也可以随时终止。但是,该程序一旦被终止,起诉方则有权请求成立专家组。

二、专家组程序

专家组程序是 WTO 争端解决机制的核心程序。当争端方磋商无果时,争端一方向 DSB 提交设立专家组申请,即进入该程序。专家组的职责是对将要处理的案件的事实、法律的适用及一致性作出客观评估,并向 DSB 提出调查结果报告及圆满解决争端的建议。专家组程序有如下特点:一是专家组成员不固定。专家组本身不是固定机构,是根据需要临时由 3 名(在规定期限内经双方同意也可以由 5 名)资深政府或非政府成员个人组成,专家组成员的选择应以保证各成员的独立性、完全不同的背景和丰富的经验为目的进行,除非争端各方同意,否则,争端当事方的公民或在争端中有实质利害关系的第三方公民不能作为专家组成员。二是工作程序有严格的时限规定。DSU“附录 3”中对专家组的工作程序及时间作出了详细规定。专家组原则上应在 3—6 个月内(最长不超过 9 个月)向 DSB 提交最后报告,专家组可能在任何时间因申诉方的要求中止工作,但中止时间不超过 12 个月。三是专家组报告的“准自动通过”。DSU 规定,专家组报告要在散发给各成员之日起 60 日内在 DSB 会议上通过,除非争端一方正式通知 DSB 其上诉决定或 DSB 经协商一致决定不通过该报告。这种“否定一致”通过报告的方式,使报告获得了自动通过的效力。

三、上诉程序

上诉审查程序是 WTO 争端解决机制新增设的程序。上诉机构的建立和对专家组决定的审查既是世界贸易组织的重大创新之一，也是对 GATT1947 争端解决机制的重大发展。争端当事双方都可以对专家组报告提出上诉，上诉仅针对法律问题和专家组的法律解释。

在争端当事方对专家组的报告持有异议，并将其上诉的决定通知 DSB 后，即由其常设上诉机构对上诉进行审议。常设性质的 WTO 上诉机构不隶属于任何政府，其 7 名成员由广泛代表 WTO 成员且公认的具有法律、国际贸易和 WTO 有关协定专业知识的权威人士组成，期限为 4 年。上诉审议事项仅限于专家组报告中涉及的法律问题及专家组提出的法律解释，不涉及报告中的事实部分。每次听诉必须有上诉机构的 3 名成员在场。上诉审议应在 60 天内完成（最长不超过 90 天）。上诉机构可以维持、修改或推翻专家组的法律裁决和结论。上诉机构报告的通过与专家组报告一样也是采取"否定一致"的原则。期限是在报告散发各成员后 30 日内。上诉机构报告通过后，争端各方应无条件接受。

上诉机构设在瑞士日内瓦。目前，鉴于上诉机构人员的持续空缺，上诉机构无法审查上诉。上诉机构最后一名成员的任期已于 2020 年 11 月 30 日届满。[1]

四、执行程序和救济方式

由于缺乏凌驾于主权之上的机构，裁决的执行一直是国际法领域的突出难题。DSU 设置的执行程序加强了 WTO 规则的约束力。WTO 的执行程

---

[1]　The WTO. The Appellate Body. www.wto.org/english/tratop_e/dispu_e/appellate_body_e.htm.

序包括监督实施由 DSB 通过的专家组或上诉机构的裁决或建议,和因申请而采取补偿和中止义务的进一步措施。

联合国国际法委员会《国家对国际不法行为的责任条款草案》(*Responsibility of States for International Wrongful Act*)规定,受害国可以要求的救济措施包括:恢复原状、补偿、抵偿、不重犯的承诺和保证。在 WTO 争端解决规则下,针对"违法之诉",DSU 规定了三种可采用的救济方式:① 撤销和修改与 WTO 规则不符的措施;② 补偿;③ 报复。撤销和修改与 WTO 规则不符的措施属于 WTO 规则中最终的救济方式,而补偿和中止属于临时性救济措施。

(一) 对裁决或建议的监督执行

DSU 规定,争端当事方应在专家组或上诉机构报告被采纳之日起 30 天内举行的 DSB 会议上,向 DSB 通知其执行意向。如果立即遵守建议或裁决不可行,则有关成员可以被允许在一个"合理期限"内达到执行目的。DSU 第 21 条第 3 款将"合理期限"规定为"争端各方在通过建议和裁决之日起 45 天内双方同意的期限",或者"如未同意则为通过建议和裁决之日起 90 天内通过有约束力的仲裁确定的期限"。DSB 将在执行期限内对建议或裁决的执行进行监督,涉事成员方需要向 DSB 提交执行报告。在上述执行期限被确定之日起 6 个月后,关于建议或裁决执行的事项应被列入 DSB 会议的议程,直到该问题解决。[①] 有关成员应至少在此类会议召开前 10 天,向 DSB 提交一份关于执行进展情况的报告。DSU 第 21 条还规定,如果争端方对于是否存在为遵守建议和裁决所采取的措施或此类措施是否与适用协定相一致的问题上存在分歧,则这类争端应通过援用这些争端解决程序加以决定,包括只要可能即求助于原专家组。[②] 这种执行异议程序区别于原来的专家组程序。

(二) 撤销和修改与 WTO 规则不符的措施

争端解决机制的首要目标是保证撤销被认为与任何适用协定的规定不

---

① DSU 第 21 条第 6 款。
② DSU 第 21 条第 5 款。

一致的有关措施,这是 WTO 争端解决追求的目标。原则上,被裁定违反 WTO 义务的成员应迅速或立即执行 DSB 的建议或裁决,修改或撤销相关措施。实践中,被裁定违规的成员方将得到合理的裁决执行期限,在一些案件中,该期限通过争端方的一致同意来确定,一般为 6—15 个月。

(三) 补偿

虽然 DSU 要求违反义务的成员自动执行裁决关于撤销或修改与协定不符措施的要求,但是如果涉事方在合理执行期限届满后仍未履行义务,则 WTO 争端解决机制为了保护成员方利益,提供了临时救济的方法。补偿就是违规一方对争端中的申诉方有出口利益的特定产品给予临时性的额外市场准入减让的一种救济方法。为补偿而进行的协商一般作为中止减让的前置程序,它在有关当事方没有在合理的期限内取消其被认为与相关协议不符的措施,或者未在合理期限内执行 DSB 的建议或裁决的情况下可以得以启动。DSU 第 22 条规定的补充是自愿的,[①]申诉方可以接受或者拒绝。这种补充仅针对申诉方未来受到的损害,而且补偿方式还需要与 WTO 规则相符。这类救济方式在 WTO 争端解决实践中较为少见。[②]

(四) 中止减让(报复)

WTO 的标准用语中没有用"报复"一词,DSU 第 22 条第 3 使用的是"中止减让"和"适当的反措施"的措辞。如果在合理期限届满之日起 20 天内双方经协商议定未果,则援引争端解决程序的任何一方可以向 DSB 请求授权中止对有关成员实施适用该协定项下的减让或其他义务,即实施报复。

为了限制报复措施滥用的可能,DSU 对其适用原则和程序进行了严格规定。DSU 第 22 条第 3 款确立了一系列报复实施的原则和方式,以确保报复制度的可有操作性。报复的实施方式有以下三种:①"平行报复",即同一协定同一部门下的报复方式。如果一方受到的损失来自两个以上部门的侵

---

① DSU 第 22 条第 1 款。
② 许军可、王佳:《国际争端解决》,中国政法大学出版社 2023 年版,第 214 页。

害,则受损方在寻求报复时,既可以单独针对某一个部门,也可以同时对若干个部门同时进行,但是实施报复的总额不应超过其所受到的损失。②"跨部门报复",即同一协定下的跨部门交叉报复。如果请求方发现在同一部门下的报复行为没有成效,就可以请求在同一协定下更换其他部门实施报复,但货物贸易除外。③"跨协定报复"是指在被诉方违约情况足够严重的前提下,如果请求方认为之前措施没有成效,请求方可以在其他适用协定项下进行报复措施。由于跨协定报复涉及的范围极广、影响大,DSU 要求必须是在违约情况十分严重的前提下才可以适用。DSU 还规定,报复在满足了违法措施已被撤销、败诉方对利益的丧失或损害提供解决办法,或者当事各方达成了相互满意的解决办法的情况下即应中止。对于被报复方的救济,DSU 规定其可对报复权的授予和行使提请仲裁。

第三节　上诉机构"停摆"后的国际
贸易争端解决新趋势

进入 21 世纪,贸易保护主义、单边主义持续抬头,国际经济格局进入动态调整期。一方面,作为多边贸易体制的建立者和主要推动者,美国在 WTO 中的角色已发生根本性转变。自特朗普政府上台以来,美国强烈质疑 WTO 的有效性以及对于美国的不公平性,通过实施 232 进口限制措施和对华 301 措施、阻挠上诉机构法官任命等单边主义方式破坏 WTO 体制的权威性。另一方面,国际政治经济环境不确定、不稳定因素明显增多。在新冠疫情、气候变暖、供应链脆弱等现实挑战下,世界经济增长动力不足,国际贸易受到地缘政治因素干扰。以 WTO 为核心的多边贸易体制正面临前所未有的挑战。

WTO 争端解决机制的危机肇始于 2016 年,美国列举上诉机构在若干案件中的做法可能存在问题,有的成员没有能够履行上诉机构成员的职责。2017 年特朗普上台后,在其他上诉机构陆续到期或出现空缺的情况下,美国以上诉机构存在体制性问题为由拒绝上诉机构成员的遴选。2020

年 11 月，上诉机构最后一名成员赵宏女士任期届满，上诉机构陷入瘫痪，从而对多边贸易体制造成沉重打击。为了应对这一困局，多个成员提出了涉及 WTO 争端解决机制的改革方案或意见，包括欧盟发布的《WTO 现代化》概念文件；欧盟和中国等 14 成员方案；欧盟、中国、印度、黑山四方联合提案；非洲集团方案；加拿大世贸组织改革部长级会议联合公报；洪都拉斯上诉机构改革方案；印度等发展中国家提出《促进 WTO 发展和包容性》改革意见；等等。

那么，WTO 上诉机构什么时候能够恢复？2022 年，在 WTO 召开第十二届部长级会议（MC12）上，各方达成了《MC12 成果文件》，就如何解决目前争端解决机制下上诉机构的停摆问题达成一致，即"各方承诺将在 2024 年前拥有一个全体成员均可使用的、充分的和运转良好的争端解决机制"。然而，在 2023 年 2 月底举行的 WTO 争端解决机构例会上，美国再次用"一票否决权"否决了关于启动上诉机构新法官遴选程序的提案。这一提案由 127 个世贸组织成员共同提出，但是第 63 次受阻。危地马拉作为代表发言时指出，阻挠新法官遴选程序的做法没有任何法律依据，损害了许多世贸组织成员的权利。[1]

2020 年 3 月 27 日，为了保持基于规则的贸易体系的有效性，并使成员能够继续获得独立的争端解决上诉程序，WTO 的 16 个成员建立了单独的贸易争端上诉制度，即"多方临时上诉仲裁安排"（Multi-Party Interim Appeal Arbitration Arrangement，MPIA）。MPIA 是一种替代系统，用于在上诉机构停摆期间利用 DSU 第 25 条规定的仲裁程序审理各参与方提起上诉的争端案件。[2] 2020 年 8 月，中欧宣布 MPIA 的"仲裁员库"成功组建，包括 10 名仲裁员，中国籍仲裁员是清华大学法学院的杨国华教授。截至 2024 年 6 月，MPIA 已有 27 个缔约方参与。[3] 目前 MPIA 解决争议的程序仍在不断发展。自 MPIA 处理了第一起案件解决后，争议解决的结构逐步清晰，体

---

① 《日本加入 WTO 多方临时上诉仲裁安排》，《中国贸易报》2023 年 3 月 29 日。
② 《基于〈争端解决谅解〉第 25 条的多方临时上诉仲裁安排》，images. mofcom. gov. cn/www/202004/20200430201543358.pdf，最后访问日期：2024 年 6 月 1 日。
③ MPIA，https://wtoplurilaterals.info/plural_initiative/the-mpia/.

现在如下几个关键阶段。①

一是世贸组织成员决定加入 MPIA。这一阶段通常以书面形式完成,并表达政治承诺,在未来双方都是 MPIA 参与方的争议中签订上诉仲裁协议,例如在"土耳其药品案"中,WTO 成员(尽管不是 MPIA 的两个参与者)可以在一个或多个特定争议中决定使用 MPIA 的全部或部分规则和(或)仲裁员库进行"第 25 条上诉仲裁"。

二是在世贸组织争端解决的专家组(panel)成立后,双方当事人签订上诉仲裁协议。当两个世贸组织成员之间发生争端时,如果两个成员都是 MPIA 的参与者(例如,哥伦比亚与欧盟、澳大利亚与中国、墨西哥与巴西),则争端各方必须签订针对特定争议的上诉仲裁协议(这在过去并无必要,因为作为世贸组织成员,双方都有义务使用上诉机构来处理上诉问题)。根据 MPIA 的规定,每个专家组的成员必须正式提交一份通知,如果其中任何一方希望对专家组裁决提出上诉,未来就可以利用 *DSU* 第 25 条通过 MPIA 解决问题。

三是如果一个当事方想上诉,可以在专家组报告分发之前要求暂停专家组程序。一旦上诉仲裁协议结束,专家组程序将按照通常的程序进行,包括两轮陈述和两次听证会,向各方发出一份中期报告和一份最终报告。在向世贸组织所有成员分发最终专家组报告的前 10 天,任何一方均可要求专家组暂停其程序,专家组必须根据上诉仲裁协议的规定批准该程序。这种暂停为可能的 MPIA 上诉铺平了道路,并意味着在 MPIA 程序有机会进行之前,该专家组裁决并不适用。

四是任何一个当事方都可以通过上诉通知来提起 MPIA 上诉。一旦专家组应一方当事人的要求中止其诉讼程序,任何一方当事人都有 20 天的时间提交上诉通知。提交上诉通知也意味着启动了 MPIA 裁决的 90 天程序,包括完成最终的专家组报告并分发给所有 WTO 成员。除上诉通知外,当事人还必须同时提交书面上诉意见,然后,另一方有 5 天时间提交其他的上诉

---

① Joost Pauwelyn. The MPIA:What's New? https://ielp.worldtradelaw.net/2023/02/the-mpia-whats-new-part-ii.html.

通知(包含其上诉的诉请)。

五是正式启动上诉仲裁程序。参与方从 MPIA 的仲裁员名单中随机选出 3 名仲裁员,由该仲裁小组对该争议进行仲裁。从上诉通知发出之日起算的第 18 天之前,仲裁小组必须对被上诉人(或答辩状)提交意见。到第 21 天,争议中的第三方(可能是也可能不是 MPIA 参与者本身)可以提交第三方意见书;在第 30 天和第 45 天之间举行口头听证会;仲裁小组最迟在第 90 天发表裁决。

六是发布 MPIA 裁决。MPIA 上诉裁决包括专家组的未上诉裁决和仲裁员作出的任何决定(包括 WTO 的三种官方语言文本)。根据 *DSU* 第 25 条第 3 款,仲裁裁决必须通知 DSB,而任何成员都可以发表与裁决有关的任何观点。在裁决对当事人具有约束力之前,DSB 无需正式通过该裁决。MPIA 裁决的约束力由 *DSU* 第 25 条第 3 款本身触发("诉讼各方应同意遵守仲裁裁决"),并在 MPIA 本身得到确认("当事人同意遵守仲裁裁决,仲裁裁决为终局裁决")。《争端解决条例》第 25 条第 4 款规定,《争端解决条例》第 21 和 22 条关于实施和执行世贸组织专家组或上诉机构裁决的规定"应比照适用于仲裁裁决"。从这个意义上说,MPIA 裁决与通过的专家组或上诉机构报告是相同的。

WTO 的上诉机构停摆使得 DSB 这一"皇冠上的明珠"暂时蒙尘,不复往日光彩。MPIA 是上诉机构恢复之路上的"渡船",期望利用一种替代性的解决方式保留 WTO 争端解决机制"二审终审"的特色。尽管 MPIA 是临时性的,但其可适用性仍不容忽略——特殊时期 MPIA 的可适用性既带给各参与方一定的信心,也给 WTO 争端解决机制改革提供了方向。从现实角度来看,WTO 需要 MPIA 这一解决方式来渡过难关,但在 MPIA 的适用过程中,亟须解决经费、秘书处支持等方面的困难。从长远角度看,MPIA 如何吸引未加入的成员加入,以及 MPIA 与恢复后的上诉机构之间该如何过渡等问题都需要 WTO 成员考虑解决。[①]

[①]　冶利亚:《WTO〈多方临时上诉仲裁安排〉的适用问题探究》,《上海法学研究》2021 年第 11 卷。

思 考 题

1. 世界贸易组织争端解决机构是司法机构吗？它与国际法院等国际司法机构在受理案件方面有哪些异同？

2. WTO争端解决救济方式中的"报复"具有何种国际法理论基础？

第三编

国际组织和区域组织的争端解决

第九章 联 合 国

 导读

　　《联合国宪章》对于现代国际法发展产生了较大的积极作用，尤其在解决国际争端方面，它所确定的原则和规则构成了现代国际法和平解决国际争端制度的重要法律基础。然而，应该清楚地认识到，《联合国宪章》中的这些原则、规则，有的针对联合国会员国、有的针对联合国组织机构，特别是安全理事会（安理会）和大会。以联合国会员国为规范对象的原则和规则与针对其组织机构的原则和规则，在促进和平解决国际争端制度形成过程中其实是有区别的。《联合国宪章》在联合国组织规定的多个宗旨中以"维持国际和平及安全"为首位。《联合国宪章》要求国际组织为实现其首要宗旨而承担以下既有联系又不完全相同的两方面责任：一是采取有效集体办法，以防止且消除对于和平之威胁，制止侵略行为或其他和平之破坏；二是以和平方法且依正义及国际法之原则，调整或解决足以破坏和平之国际争端或情势。① 由于《联合国宪章》授予安理会和大会为主要代表的联合国组织机构以一定职权并责成其在此范围内依据特定程序解决争端，这意味着在传统的和平解决争端程序之外又新增了一条合法解决争端的途径。

---

① 《联合国宪章》第 1 条。

第一节　联合国大会和安理会

在联合国组织体系内,除国际法院之外,在和平解决国际争端方面发挥着重大作用的还有三个机构:安理会、大会和秘书处。三个机构里以安理会责任最重。本节侧重介绍安理会和大会的职权。

一、安理会

安理会在联合国的 6 个机构中占有重要的政治地位,[①]由中、美、俄、英、法 5 个常任理事国和 10 个非常任理事国组成。在解决国际争端方面,《联合国宪章》赋予安理会广泛的职能和权力。《联合国宪章》第六章指向的就是和平解决国际争端问题,安理会解决争端职权主要是从第六章的规定中得到体现,其在第 33 条第 1 款规定:"任何争端之当事国于争端之继续存在足以危及国际和平与安全之维持时,应尽先以谈判、调查、调停、和解、公断、司法解决,区域机关或区域办法之利用或各该国自行选择之其他和平方法,求得解决"的同时,第 2 款特别规定:"安全理事会认为必要时,应促请各当事国以此项办法,解决其争端"。

(一) 安理会解决争端的职权

根据《联合国宪章》的规定,安理会履行其解决争端的职权包括以下情况。

一是争端当事国提请。其第 33 条第 1 款促请当事各方利用现有各种和平程序解决争端,也就是说,联合国鼓励当事国通过自行选择的和平方法解决争端。如果当事国未能按照第 33 条规定的和平方式解决争端时,第 37 条第 1 款规定:"应将该项争端提交安全理事会",前提是"争端之继续存在足以

---

① 梁西:《梁著国际组织法》,杨泽伟修订,武汉大学出版社 2011 年版,第 97 页。

危及国际和平与安全之维持。"非会员国同样也可以将争端提交安理会,第35条规定,非联合国会员国之国家如为任何争端之当事国时,经预先声明就该争端而言接受本宪章所规定和平解决之义务后,得将该项争端,提请大会或安全理事会注意。

二是联合国大会或秘书长将争端提请安理会。关于大会提起的情形,《联合国宪章》第11条第3款规定:"大会对于足以危及国际和平与安全之情势(situation),得提请安全理事会注意。"一般认为,"情势"(situation)这一用语的范围比"争端"(dispute)的涵盖范围更广。① 此外,《联合国宪章》第99条提及"秘书长得将其所认为可能威胁国际和平及安全之任何事件(matter),提请安全理事会注意",而这里"事件"的含义更为模糊,既可能包括情势,也可能包括争端。②

此外,安理会可以在争端任何阶段向争端当事各方建议适当的程序或调整方法,以及在争端未能由当事各方依《联合国宪章》第33条所示方法解决时,建议其认为适当之解决条件。另外,安理会在断定有对和平之威胁、和平之破坏或侵略行为存在的情况下,可以提出建议以维护或恢复国际和平与安全,还可以采取包括强制要求各会员国对侵略者实施经济制裁和除武力以外其他措施在内的强制措施,甚至可以当其认为上述强制措施不足以解决国际问题时,要求对侵略者采取必要的军事行动。③

(二) 对安理会解决争端职权的限制

安理会解决争端的职权也并非毫无限制。从《联合国宪章》的规定看,安理会至少受制于以下因素的影响。

一是争端范围。《联合国宪章》要求联合国会员国以各种和平程序解决的争端不是泛指任何争端,而是特指其"继续存在足以危及国际和平与安全

① Yoshifumi Tanaka. *The Peaceful Settlement of International Dispute*. Cambridge University Press,2018,p.75.

② Yoshifumi Tanaka. *The Peaceful Settlement of International Dispute*. Cambridge University Press,2018,p.75.

③ 《联合国宪章》第39、40、41和42条。

之维持"的严重争端。不仅如此,安理会处理的争端原则上不得涉及本质上属于任何国家国内管辖之事件,只有在所有争端行事各方请求下,安理会才可以就显然不受上述危及国际和平与安全以及涉及国内管辖问题与否之限制的争端进行建议,以求和平解决。

二是现存或其他和平解决国际争端程序。虽然《联合国宪章》赋予安理会以维持国际和平与安全以及和平解决国际争端的重要职责,但并未要求安理会成为一般性的国际争端机构。安理会对争端的管辖权仅限于"继续存在足以危及国际和平与安全之维持"的争端。即使在具有这类特征的争端解决中,安理会所提供的程序也只是辅助性的,不能排除传统或现有程序,毕竟《联合国宪章》第六章第 33 条第 1 款规定,当事各方必须首先将其争端提交传统或现有程序去解决。当然,《联合国宪章》并没有规定会员国在将其争端提交安理会前用尽传统或现有解决争端程序的义务。作为会员国的争端当事各方有权利选择适当程序,而且,安理会在其认为必要的时也可以指示它们使用适当的程序解决争端。[①]

此外,还有两种情况在一定程度上会影响安理会解决争端职权的广泛性。一种是涉及《联合国宪章》第 107 条规定的争端情形。例如,在 1948 年"柏林争端案"处理过程中,苏联基于这条规定否决了安理会有关该争端案的任何决议。另一种是那些属于区域范围内争端的情形。按照《联合国宪章》第 52 条的规定,这类争端一旦发生,缔结区域办法或设立区域机关的联合国会员国在将争端提交安理会前,"应依该项区域办法,或由该项区域机关力求和平解决",安理会"对于依区域办法或由区域机关而求地方争端之和平解决,不论其系由关系国主动,或由安理会提交者,应鼓励其发展"。

二、联合国大会

在实现维持国际和平与安全的联合国组织之宗旨方面,《联合国宪章》赋予安理会的责任远大于联合国大会。因此,大会解决争端的职能权力不可能

---

① 叶兴平:《和平解决国际争端》,法律出版社 2008 年版,第 186—188 页。

与安理会的相应职能相比。《联合国宪章》为安理会在解决争端过程设置的限制同样适用于大会,也就是说,在一项争端提交大会解决之前,大会鼓励当事各方先利用传统解决争端程序,同时大会受理的争端原则上也不得涉及成员国的国内管辖范围。此外,大会还受到两项规则的限制:① 非经安理会请求,大会对于安理会正处理的争端或情势不得提出任何建议;② 大会对于需要采取行动的各项问题,应在讨论前或讨论后提交安理会。

客观而言,《联合国宪章》还是为大会规定了较为广泛的职权,例如,大会可以讨论《联合国宪章》内的任何问题或事项。大会可以讨论包括解决争端在内的有关维持国际和平及安全的任何问题。这些问题或由联合国会员国提出,或由安理会提出,或由非联合国会员依《联合国宪章》第 35 条第 2 款之规定提出。另外,大会还可以就任何足以妨碍国际公共福利或友好关系的情势,在其决议中提出解决办法或解决条件建议。从《联合国宪章》各项规定看,在处理某些争端或情势方面,大会似乎比安理会具有更广泛的职权,大会可以不受《联合国宪章》第六章关于争端或情势的"危及国际和平与安全"严重性质的限制。

在二战后国际关系实践中,大会解决争端的职权曾有过扩大趋势。大会采取一系列措施逐渐扩大其对安理会争端解决"领地"的介入范围:① 广义解释《联合国宪章》为大会规定的职能与权力;② 实施特别临时办法,例如成立临时委员会(Interim Committee);③ 通过《联合国维持和平决议》(*Uniting for Peace Resolution*),这些措施尤其以《联合国维持和平决议》引人关注。这项于 1950 年 10 月联合国大会通过的决议的主要内容为:在安理会因否决权而无法行使其职能时,大会有权决定是否存在威胁、破坏和平的情势或侵略的行为,向联合国会员国建议采取适当的措施。[①]

第二节 秘书长的职能

安理会和大会是联合国体系内的两个主要解决争端机构,它们在解决争

---

① Uniting for Peace General Assembly Resolution 377(V), 3 November,1950.

端中拥有充分广泛的职权。实际情况显示,诉诸联合国组织解决的大多数争端案件首先是经由安理会或大会处理的,但是安理会和大会在解决争端时仍会遇到来自各方面因素的阻碍。安理会和大会在解决争端中存在缺乏灵活性的缺点,这一缺陷使得联合国秘书长在解决争端中的独特作用得以凸显。

根据《联合国宪章》的规定,秘书长在安理会和大会解决争端进程中本来应是一项积极因素,因为对于大会而言,秘书长经安全理事会之同意,应于大会每次举行会议时,将安全理事会正在处理中关于维持国际和平及安全之任何事件通知大会;于安全理事会停止处理该项事件时,亦应立即通知大会,或在大会闭会期内通知联合国会员国。然而,秘书长解决争端的实际作用远不止于以上职能,秘书长可以在两种情形下履行调停者和斡旋者的职能。

一是安理会和大会委托行使其部分的解决争端责任。在联合国成立初期,安理会和大会更倾向于通过建立自己的调停委员会或斡旋委员会直接介入争端解决。20世纪50年代以后,它们便倾向于把调停或斡旋使命交由秘书长执行,即联合国系统内正式的调停委员会或斡旋委员会较少地得到利用;相反,秘书长或秘书长的代理人越来越频繁地充当争端案件的调停者或斡旋者。秘书长也可以进一步授权在秘书长之下的特别调停委员会或斡旋委员会,不过这种团体的调停或斡旋解决争端活动明显少于秘书长本人或其代理人的调停或斡旋。秘书长本人或其代理人调停或斡旋活动中的典型例子是,1982年4月初由秘书长对阿根廷与英国之间的福克兰群岛(或称马尔维纳斯群岛)主权争端的调停。

二是争端当事方邀请或由秘书长主动担任的调停和斡旋活动。在1945年旧金山制宪会议上,与会各国并没有强调秘书长在这种情形下解决争端的职能。秘书长在特别委托之外介入争端解决的职能,更多是在20世纪50年代以后成熟起来的。值得注意的是,曾经担任过联合国秘书长的达格·哈马舍尔德[①]和吴丹[②]的个人作用,与联合国秘书长职能的发展密切相关。有研

---

① 达格·哈马舍尔德,第二任联合国秘书长,瑞典政治家。1961年9月18日,达格·哈马舍尔德前往刚果调解停火,与随行人员乘坐的飞机在北罗得西亚(今赞比亚)恩多拉附近坠毁。哈马舍尔德与15名随行和机组人员丧生。

② 吴丹,第三任联合国秘书长。在职期间,曾调解过1962年古巴导弹危机、1965年印巴争端和1967年第三次中东战争。

究指出,这一职能体现为"预防性外交",已作为联合国解决国际争端的一种新方式。① 联合国前任秘书长安南在 2001 年报告——《预防性外交:取得成果》中指出了"预防性外交"的五项关键因素:① 及早预警,尽早行动;② 考虑当地偏好的灵活性;③ 增强联合国和其他区域组织的关系;④ 可持续性;⑤ 评价结果;⑥ 财政支持。②

秘书长争端解决方面权力的"发展"也引起了一些国家的担心,甚至遭到强烈反对。在有关巴林问题的争端解决过程中,由于秘书长仅向安理会报告其行动而没有提请安理会考虑该争端,导致 1970 年当秘书长任命代表前往解决该争端时,苏联代表发出抗议,声称秘书长所作所为"侵入"了安理会的特权范围。

第三节　政治机关与国际法院

秘书长的行动、安理会的干预或者联合国大会所采取的措施,都体现了试图在政治层面解决国际争端。除了这些本质上具有任意性的程序外,国家当然可能试图通过仲裁或者司法途径获得基于国际法的裁决。本节主要讨论的是"联合国主要司法机构"③的国际法院与政治机关之间的关系。这个问题主要有两方面的内容:第一个同时也是原则性的问题,如果政治机关参与到争端解决中,那么,国际法院的管辖是否会受到影响? 第二个问题,当一个案件被合理地提交至国际法院后,国际法院是否能够通过主张某一政治机关的行动违反《联合国宪章》,从而对案件实行司法控制?

在向国际法院寻求救济的同时求助于政治机关能够在多大程度上兼容? 这个问题已由美国在"尼加拉瓜案"中多次提出。除了在第六章已讨论的反

---

① 方向勤:《预防性外交:基于概念的比较分析》,《国际政治研究》2007 年第 3 期,第73—74 页。

② UN. Preventive Diplomacy:Delivering Results. https://peacemaker. un. org/sites/peacemaker. un. org/files/SGReport_PreventiveDiplomacy_S2011552%28english%29_1.pdf.

③ 《国际法院规约》第 1 条规定:"联合国宪章所设之国际法院为联合国主要司法机关,其组织及职务之行使应依本规约之下列规定。"

对国际法院管辖的各种意见外,美国还主张,由于对案件的实质问题进行裁决可能会超出司法职能的界限,从而使国际法院参与到仅由安理会管辖的案件中,因此应宣告此案不具有可受理性。这个主张是从两方面来论述的:一是美国称尼加拉瓜要求国际法院裁决美国是否存在非法使用武力的诉求,属于政治机关的专属管辖范围;二是美国认为,尼加拉瓜通过将案件提交国际法院,实际上是对由安理会作出的对其不利决议提出的上诉。由于《联合国宪章》对此类上诉未作规定,美国认为国际法院对此诉求缺乏对事管辖权(subject-matter jurisdiction)。

国际法院驳回了上述两项主张。针对美国的第一点主张,国际法院称《联合国宪章》第24条赋予安理会有"维护国际和平与安全"的职责,这一职责不同于其专属职能。由于国际法院与安理会各自具有独立的职能,故无论该事项由安理会审议还是该案涉及武力使用,在法律上都不能对适用司法程序造成任何阻碍。对于美国声称的该司法程序是对安理会决议的主张,国际法院从事实角度予以驳回。国际法院指出,"这并不意味安理会决议是错误的,也不意味着由安理会成员投票的方式与法律规定不相符。"相反,国际法院称,"其被要求对安理会审议过的案子中的法律事项进行裁决,与其作为联合国主要司法机构的地位是完全相符的",因此驳回了美国的反对意见。

最终,国际法院全体法官一致通过该项裁决,该裁决的正确性不仅因其裁决的案件具有可受理性(与其之前的关于其管辖权的裁决相符),而且需要指出的是,如果法院采纳了美国的任何一项主张将会造成荒谬的后果。一旦国际法院承认涉及使用武力的诉求超出其管辖范围,那么,将排除其自身对大量重要国际争端的管辖权,并且将主导这类争端的国际法规则降为次要地位。另外,如果国际法院接受了美国关于管辖权的主张,认同当某一事项在安理会被否决后,诉讼就相当于对"安理会没有通过的决议"提起上诉,则将会使安理会常任理事国的否决权从政治领域扩展至法律领域。虽然《联合国宪章》赋予安理会和常任理事国在和平与安全领域以主要职责,同时也为司法程序设置了同样的职责,即赋予作为联合国司法机构的国际法院有维护国际和平与安全的职责。

第四节 维和行动

联合国的维和行动已成为众多学术研究的专门课题。本节只简单介绍联合国采取行动的主要类型以及其为解决争端所做出的贡献。

一、观察组

观察组是指派遣联合国小组人员到骚乱地区,通过其现场监督和报告所知信息的形式,防止或至少是削弱跨越国界的行动或者其他未经授权的行动。观察组常常兼具其他维和职能,但有时仅履行联合国派驻现场的唯一或主要任务。例如,由安理会于 1958 年成立的黎巴嫩联合国观察团(UN Observer Group in the Lebanon,UNOGIL)旨在对被宣称的叙利亚渗透行为进行监控,仅具有观察的职能。然而,联合国大会 1947 年成立的联合国巴尔干特别委员会(UN Special Committee on the Balkans,UNSCOB)作为希腊边界的观察组履行了大量其他的职能。

二、观察团或军事观察团

为了改善敏感的边界地区双边或多边关系,需要的不只是观察组。虽然试图使黎巴嫩联合国观察组在黎巴嫩发挥更大作用的尝试并不成功,但是联合国观察团在中东及克什米尔地区的行动发挥了积极的作用。联合国停战监督组织(UN Truce Supervision Organization,UNTSO)源自巴勒斯坦调停人所拟定的安排。若争端方之间爆发战争,这个持续扩张的小组兼具在阿拉伯—以色列边界采取观察行动,以及处理事件和进行停火谈判的职能。在相对缓和的局面中,联合国驻印度和巴基斯坦军事观察团(UN Military Observer Group in India and Pakistan,UNMOGIP)在克什米尔地区从 1949年至今也履行着同样的职能。此类武装观察团的价值还可在联合国中美洲观察团(UN Observer Group in Central America,ONUCA)的工作中得以清楚地体现。

武装观察团的成立和行动有赖于争端各方希望达成并执行有效协议。当这些条件都具备时会获得什么样的结果,从 1994 年联合国奥祖地带观察组(UN Aouzou Strip Observer Group,UNASOG)的行动中可见。在国际法院就"领土争端案"(Territorial Dispute)作出裁决后,安理会根据利比亚和乍得的请求决议成立小型观察组,目的在于监督利比亚军队从争端边界地区撤军。在争端各方的共同努力下,观察组成功履行了职责。运用观察团也被视为一种阻止冲突发生的方式,例如在 1982 年福克兰群岛危机中,阿根廷部队在联合国的监督下撤军,为各方提供了一次完美的顾及各方体面的安排。在 1990 年第一次科威特危机时,秘书长也向伊拉克提出了类似请求。在古巴导弹危机中,当如何查证成为双方达成协议的障碍时,时任联合国秘书长的吴丹提出成立联合国观察团,以确保运离导弹这一可能的做法。

三、联合国紧急部队

在撤军之后,有必要确保敌对双方的军队保持相分离的状态。尽管之前提及的观察团在某种程度上能协助达到此目的,但是这项任务不仅包含观察与监督(观察与监督常由一些规模较小的观察团来进行),而且该项任务还需要部署一些更大规模的武装。这类武装的实用性体现在联合国中东紧急部(UN Emergency Force in the Middle East,UNEF I)和联合国塞浦路斯军队(UN Force in Cyprus,UNFICYP)中。联合国中东紧急部队的首要任务是监督英法军队于 1956 年撤离埃及,并巡查埃及—以色列边界,直至 1967 年。在 1973 年战争之后,同样的职能交由联合国中东紧急部队 II(UNEF II)和位于叙利亚—以色列边界的联合国脱离接触观察员部队(UN Disengagement Observer Force,UNDOF)来履行。联合国中东紧急部队 II 的组建,为 1979 年埃及与以色列和平协定谈判期间营造了"信心氛围"。此外,联合国塞浦路斯部队占领了埃及与位于塞浦路斯的土耳其社区的边界,虽然受到某些方面的限制,但是该部队仍对缓解岛上的紧张局势做出了很大贡献。

第五节 《联合国宪章》"第七章行动"

如果国际争端在当事方之间得不到解决,而且已经发展到威胁和平、破坏和平,甚至有侵略行为时,安理会可以根据《联合国宪章》第七章作出建议或决定所采取的强制行动(enforcement action)。不过,从实践上来看,安理会在断定任何和平之威胁、和平之破坏或侵略行为是否存在时,主要是基于政治而非法律的考虑。因此,尽管过去在联合国时期存在大量的战争和国家间的武装冲突,但仅有一小部分被安理会认为是在破坏和平。[①]

一旦安理会认定存在和平之威胁、和平之破坏或侵略行为,将做出建议,或依据《联合国宪章》第 41 和 42 条的规定采取措施。《联合国宪章》第 41 条推定了非武力的方法,包括"局部或全部停止经济关系、铁路、海运、航空、邮、电、无线电及其他交通工具,以及外交关系之断绝"。第 41 条则是关于武力方法的规定,包括"联合国会员国之空海陆军示威、封锁及其他军事举动"。上述安理会的强制措施是在国际争端得不到和平解决,以致发展到威胁或破坏和平的严重情势下采取的强烈行动。[②]

思 考 题

1. 联合国大会和安理会在"争端解决"这一问题上,其职权各有哪些异同?

2. 如何理解作为联合国政治机关的国际组织和国际司法机构在争端解决中的职能差异?

[①] 梁西:《梁著国际组织法》,杨泽伟修订,武汉大学出版社 2011 年版,第 310 页。
[②] 梁西:《梁著国际组织法》,杨泽伟修订,武汉大学出版社 2011 年版,第 181 页。

第十章　区域争端解决

 导读

通过联合国程序解决争端是现代国际关系中国际组织解决争端的一种成熟形式,但它不是唯一的形式。在联合国之外也有不少区域性国际组织在解决争端中发挥着不可替代的作用。它们在解决各种国际争端的过程中逐渐积累经验,形成了一定的制度,也丰富和发展了国际组织解决国际争端的理论和实践。

第一节　区域组织的定义与范围

区域性国际组织是以成员国地理上的接近为基本特征的,例如,美洲国家组织的成员是美洲地区国家,非洲统一组织是非洲范围内国家的联合。除了地理因素,区域性国际组织也可能因社会、文化、经济或政治等方面的联系或相互共同利益的存在而结成。也就是说,地理接近是区域性国际组织组成的主要条件,但是这并不意味着某一区域性国际组织所在区域外的国家不可以成为其成员国,只要它们在其他方面与该组织大多数成员国具有广泛的联系或相互间存在共同的利益。然而,无论成员国之间的联系如何紧密,区域性国际组织通常都有政府间正式的协议或协定作为其组成的根据。对于美洲国家组织、非洲统一组织而言,相关国际法文件是《美洲国家组织宪章》(OAS)和《非洲统一组织宪章》。前东南亚集体防务条约组织的成员国也是《东南亚集体防务条约》的缔约国。因此,有学者将区域性国际组织定义为:

基于地理、社会、经济或政治的联系以及利益或目标的相似或一致性,通过政府间正式的协议或协定而结成的一种国家间的联合。①

区域性国际组织可以划分为三大类:一是以经济合作为主要目标、以经济活动为主要内容的经济性质的区域性国际组织。这样的国际组织有欧洲经济共同体、中美洲共同市场、非洲开发银行和南亚区域合作联盟等。二是以集体防卫或军事联盟为主要目标或活动中心内容的区域性国际组织,例如北大西洋公约组织、华沙条约组织、东南亚集体防务条约组织等。三是一些区域性国际组织,它们的目标广泛、职能多样化,在维持区域和平和安全中承担了重要责任。这类区域性国际组织也是《联合国宪章》第52—54条所指的"区域办法"或"区域机关"。这类国际组织包括欧盟、美洲国家组织、非洲统一组织、东南亚国家联盟(ASEAN)等。

第二节 区域组织解决争端解决的原则和局限

在区域性国际组织体系内解决国际争端,即利用区域办法解决国际争端实际已有较长的时间。确切地说,区域争端解决的方式是随着这类国际组织的产生就开始的,只是早期这种解决争端程序不发达,没有发展出充分的解决争端的原则和规则,算不上严格意义上的争端解决程序。《联合国宪章》的诞生不仅标志着传统解决争端程序有了法律根据,而且为区域性国际组织解决争端程序提供了完善和发展的基础。

对于区域性国际组织解决争端的程序,《联合国宪章》第八章对以下几方面作出原则性规定:① 只要符合联合国之宗旨及原则,区域办法或区域机关可以用来应对有关国际和平及安全之维持而宜于区域行动的问题;②② 鼓励各国在将区域性争端提交安理会之前利用区域办法或通过区域机关将其解决;③

---

① 叶兴平:《和平解决国际争端》,法律出版社2008年版,第205页。
② 《联合国宪章》第52条第1款。
③ 《联合国宪章》第52条第2款。

③ 安理会对于职权内之执行行动可以在适当情形下利用区域办法或区域机会解决区域性争端;① ④ 除非针对第二次世界大战中之敌对国的,否则,若无安理会授权,不得依区域办法或区域机关采取任何执行行动;② ⑤ 依区域办法或区域机关已经采取或正采取的维持国际和平及安全之行动,随时应向安理会充分报告。③

尽管这些原则性规定首先是确保发生区域性国际组织与联合国组织管辖权冲突时联合国的优越地位,但它们构成了现代国际法中区域办法解决争端所应依循的原则和规则的重要部分。

值得注意的是,区域组织在争端解决中的作用也具有局限性。首先,对于一些特殊类型的争端(例如领土争端),区域组织通常难有所作为。在马岛(福克兰群岛)争端中,英国和阿根廷各自将其作为欧洲经济共同体和美洲国家组织成员方看作争取来自区域组织军事行动支持的途径,并为此目的寻求利用各自的区域联盟。但实践证明,区域组织对该争端处理的能力有限。其次,区域成员国"区域忠诚"这类情感因素对争端解决的作用难以评估。从争端当事国角度看,区域忠诚的意义主要是作为寻求一种和平的争端解决及使争端解决条件本身皆"正当化"的方法,实践中对"区域仲裁"不能期望过高。例如,南非 1994 年才成为非洲统一组织的成员,这一进程在一定程度上限制了非洲统一组织的影响力;而在马岛争端中,美洲国家组织里英语系成员国对英国提供了支持,进而抵消了阿根廷在美洲国家组织的影响。④ 这些事例表明,当争端的影响超出区域范围时,区域办法或区域性国际组织很难有所作为。⑤ 最后,是资源要素。区域组织在很大程度上取决于成员国对特定行动提供所需物质条件的意愿,而预算问题往往成为区域组织的弱点。例如,1982 年非洲统一组织派到乍得的维和部队不得不被撤回,后勤和财政困难

---

① 《联合国宪章》第 53 条第 1 款。

② 《联合国宪章》第 53 条第 2 款。

③ 《联合国宪章》第 54 条。

④ [英] J.G. 梅里尔斯:《国际争端解决法》,韩秀丽等译,法律出版社 2003 年版,第345—346 页。

⑤ 叶兴平:《和平解决国际争端》,法律出版社 2008 年版,第 224 页。

是此次行动失败的主要因素。①

第三节　区域组织争端解决：欧盟为例

2009 年 12 月 1 日《里斯本条约》生效后,欧洲联盟(简称欧盟)不仅从此具有法人资格,而且获得了以前赋予欧洲共同体(European Community)的权限。欧盟并非一个联邦国家,而是国际法中"自成一派"的国家联合体,欧盟自身的独特性决定欧盟争端解决机制也有自身的特性和路径。欧盟争端解决机制主要反映在欧盟法院(Court of Justice of The European Union)的司法运作中。此外,先例是欧盟法院裁判最重要的依据。虽然按照条约规定,欧盟法院在"初步裁决"中的解释只对申请解释的内国法院及案件当事人有约束力,但是欧盟法院裁断所有成员国的内国法院应当将欧盟法院的裁决作为一种先例。因此,欧盟法院的先例不仅适用于其裁判的案件,而且适用于内国法院裁判的案件。② 近年来,欧盟法院积极发挥司法能动性,通过法律解释丰富和发展了欧盟法,不断参与法律全球化的进程。③

一、欧盟法院的历史、职能和组成

欧盟法院由 27 名法官和 11 名总检察长组成。法官和总检察长是在与负责就潜在候选人是否适合履行有关职责发表意见的小组协商后,由会员国政府共同任命的,任期为 6 年,可连任。他们是从独立性毋庸置疑、具备在各自国家被任命为最高司法职务所需的资格或具有公认能力的人选中选出的。一般而言,院长和副院长从法院的法官中选出,任期 3 年,可连任。院长指导

---

① G. J. Naldi. Peace-keeping attempts by the Organization of African Unity. *ICLQ*, Vol.1985, p.595.

② 齐飞:《论国际争端解决机构的造法:以欧盟法院为例》,《河南财经政法大学学报》2013 年第 2 期,第 185 页。

③ 许军可、王佳:《国际争端解决》,中国政法大学出版社 2023 年版,第 253 页。

法院的工作,并主持法院合议庭或大法庭的听证和评议;总检察长协助法院工作。他们负责在分配给他们的案件中以完全公正和独立的方式提出"意见"。书记官长是该机构的秘书长,在法院院长的领导下管理该机构的各部门。法院可以作为一个合议庭,由15名法官组成的大法庭或由3—5名法官组成的法庭开庭。①

在《欧盟法院规约》所规定的特定案件中(包括解雇未能履行其义务的欧洲监察员或欧洲委员会成员的诉讼程序),以及在法院认为案件具有特殊重要性的情况下,法院作为合议庭开庭。当作为诉讼当事方的会员国或机构提出要求时,该委员会在大会议厅开庭,在特别复杂或重要的案件中也是如此。其他案件由3—5名法官组成的分庭审理。由5名法官组成的分庭庭长任期3年,由3名法官组成的分庭庭长任期1年。②

2023年,欧洲议会、欧盟理事会、欧盟委员会和欧盟法院就欧盟法院和欧盟普通法院之间管辖权改革达成一致,即从欧盟法院向欧盟普通法院转移部分预先裁决案件的管辖权。这标志着欧盟两个法院之间在管辖权改革方面迈出了重要一步。③

二、欧盟法院的管辖权

欧盟法院(法院和综合法庭)的管辖可以分为"诉讼管辖"和"非诉讼管辖"两大类。

诉讼管辖也称为"直接行为"的管辖权,是指来自成员国、机构、自然人或法人直接提起的诉讼。根据《欧盟运行条约》(*Treaty on the Functioning of the European Union*),④直接行为管辖的诉讼管辖包括:① 违约之诉,即针

---

① Court of justice of The European Union. Presentation. https://curia.europa.eu/jcms/jcms/Jo2_7024/en/.

② Court of justice of The European Union. Presentation. https://curia.europa.eu/jcms/jcms/Jo2_7024/en/.

③ 《欧盟法院2023年工作概况与典型案例》,《人民法院报》2024年7月12日。

④ EU. Treaty on the Functioning of the European Union. https://eur-lex.europa.eu/EN/legal-content/summary/treaty-on-the-functioning-of-the-european-union.html.

对成员国不履行法定义务提起的诉讼。成员国违反欧盟法律规定的义务,欧洲委员会或另一成员国可以向欧洲法院提起诉讼。对于欧洲法院确认违法的情形,成员国必须予以纠正,否则,欧洲法院可以要求该成员国支付罚款。② 无效之诉,即针对欧盟文件合法性提起的诉讼。欧盟成员国、欧盟理事会或特定条件下的欧洲议会,以及认为与其切身利益有关的自然人或法人均可请求法院废止全部或部分欧盟立法文件。③ 不作为之诉,即当事人向欧盟法院提出的,针对欧盟机构的不作为提起的诉讼。④ 损害赔偿之诉,主要建立在非合同责任、侵权责任基础之上的损害赔偿之诉中,欧洲法院决定欧洲共同体对其机构的公务人员在执行公务时造成的损害承担责任。[①]

欧盟法院的非诉讼管辖权特指《欧盟运行条约》第 267 条规定的先予裁决(又称初步裁决,preliminary ruling)。"先予裁决"是欧盟法院具有特色的一种管辖权制度,是指欧盟成员国法院或法庭在审理案件过程中,出现欧盟法的解释或欧盟法的解释有效性的疑难问题,进而由法院或法庭将该问题交给欧盟法院进行初步裁决,然后再由该法院或法庭将初步裁决的结果适用于其案件的审理制度。《欧盟运行条约》第 267 条规定,欧盟法院对两大类事项具有先予裁决权:① 欧盟基础条约(《欧盟条约》和《欧盟运行条约》)的解释问题;② 欧盟机构、团体、办事处或机构行为的有效性和解释问题。[②]

三、欧盟争端解决机制的特点

欧盟法院的管辖权主要集中体现在针对各成员国违法条约义务或是针对条约义务采取不作为措施等方面。欧盟法院的司法路径与争议对象、争议事项和管辖权的分配紧密关联。欧盟争端解决机制呈现以下特点。[③]

第一,公法性质的争端解决。无论是诉讼管辖还是非诉讼管辖,欧盟法

---

① Court of justice of The European Union. Presentation. https://curia.europa.eu/jcms/jcms/Jo2_7024/en/;许军可、王佳:《国际争端解决》,中国政法大学出版社 2023 年版,第258—262 页。

② Article 267 (a)&(b),Treaty on the Functioning of the European Union.

③ 许军可、王佳:《国际争端解决》,中国政法大学出版社 2023 年版,第276—277 页。

院不解决私人之间的法律纠纷,它所解决的是欧盟法在解释和适用中的合法性和正当性问题。无论是违约之诉、无效之诉还是不作为之诉,本质上都是维护欧盟法的权威性。虽然损害赔偿之诉主要是对私主体的保护,但是"赋权"这一强制性要件排除了这类诉讼作为侵权责任案件的可能性。因此,欧盟法院的争端解决体现了纯粹的公法性质。

第二,专门性和普遍性相结合。违约之诉、无效之诉、不作为之诉和损害赔偿之诉是由欧盟法院专门处理的案件,但欧盟法院并不是通过立法机构来实现司法审查案件管辖的目的,而是借助普通诉讼的方式来审理案件,进而强化了争端各方在法庭中辩论对抗的过程。欧盟法院既实现了司法审查案件的专属管辖,也采取了普通诉讼的方式实现了司法审查的目的。不过,欧盟法院并非专门的司法审查机构,也并非各成员国的最高法院。

第三,直接管辖和间接管辖相结合。欧盟法院作为欧盟的司法机构决定了欧盟司法案件以诉讼的方式进行,换言之,欧盟法院借助普通诉讼程序审查了欧盟机构的行为合法性,包括欧盟机构的不作为、非法行为和法律。先予裁决制度虽然是欧盟法院和成员国法院的中间程序,从表面上体现了欧盟法院对成员国法院或法庭司法自主的尊重,但是欧盟法院正式通过这种"非侵入"的方式对欧盟法的解释和适用进行了权威界定,既保证了欧盟法在成员国的权威地位,也实现了欧盟法和成员国法的司法管辖之间的划分。

第四节　区域组织解决争端的前景

对于区域性争端,区域办法或区域性国际组织解决争端程序在许多方面显得比联合国的程序更具有优越性和有效性。区域范围内的国家熟悉本区域政治、经济、社会、文化和历史状况,了解某一争端的发生背景,也更清楚地知道争端当事各方需求及适于争端解决的有效途径,因此使用区域办法或区域性国际组织程序来解决区域类争端,比利用区域范围以外的力量解决这类争端更加直接、更有可能达到和平的目的。

不过,区域办法或区域性国际组织在解决区域性争端中的优势仍难以掩饰它们的局限,在未来国际关系中,制约区域办法或区域性国际组织程序有效解决争端的关键因素之一是,能否理顺区域办法程序与联合国程序或者区域性国际组织机构与联合国机构之间的关系。《国际联盟盟约》第 21 条规定:"本公约中的任何内容均不得视为影响国际约定的有效性,例如仲裁条约或区域谅解,如门罗主义,以确保维持和平"。[①] 25 年后,处理这一关系的规定体现在《联合国宪章》第八章(第 52—54 条)中,但有关区域性组织与联合国关系的解释争论似乎并未中止。

二战后,区域性组织与联合国关系分歧的焦点是区域性组织究竟在维持国际和平与安全中特别是解决国际争端方面有何种权限,实践中也有在选择解决程序问题上无所适从的情况。例如,1964 年巴拿马运河争端出现后,巴拿马总统恰里(Chiari)强烈希望巴拿马与其北方邻居的争端在联合国出现"曙光",而美国总统约翰逊则想方设法地将争端"滞留"在美洲国家组织体系内解决。另外,1963 年阿尔及利亚和摩洛哥边界争端严重化后不久,一方面,阿尔及利亚要求在非统组织内部解决问题;另一方面,摩洛哥呼吁将争端提交安理会。区域性组织和联合国对争端的管辖权形成了潜在的冲突。[②]

区域性组织与联合国关系问题并不只是如何解释《联合国宪章》有关规定的问题,更重要的是实际问题。只有各国不完全从利己的角度出发,考虑其介入的争端程序选择,区域组织与联合国关系的问题才有可能真正理顺。

思　考　题

1. 欧盟法院的诉讼管辖和非诉讼管辖有哪些区别?

2. 区域组织解决争端相较于联合国解决争端具有哪些优势和劣势?

---

① 《国际联盟盟约》,www.ungeneva.org/zh/about/league-of-nations/covenant,最后访问日期:2024 年 6 月 1 日。

② 许军可、王佳:《国际争端解决》,中国政法大学出版社 2023 年版,第 225 页。

第四编

新兴领域争端解决和中国的争端解决实践

第十一章　国际法新兴领域的
　　　　争端解决

 导读

当前,百年变局对国际秩序和国际法已经并将进一步产生广泛而深远的影响。诸多新兴领域的国际规则处于模糊或空白地带,凸显相关领域规则制定的紧迫性。① 本章重点选取外层空间、极地、公海生物资源、国际文化遗产领域,侧重对其争端解决的发展和演进进行介绍。

第一节　外层空间争端解决机制

一、传统外层空间法中的争端解决

空间法的发展和编纂经历了几个阶段,第一阶段产生了以"五项空间条约"形式的具有约束力的法律文件:① 1967 年《关于各国探索和利用外层空间包括月球与其他天体活动所应遵守原则的条约》(简称《外空条约》);② 1968 年《营救宇航员、送还宇航员和归还发射到外层空间的物体的协定》(简称《营救协定》);③ 1972 年《空间物体造成损害的国际责任公约》(简称《责任公约》);④ 1975 年《关于登记射入外层空间物体的公约》(简称《登记公约》);⑤ 1979 年《关于各国在月球和其他天体上活动的协定》(简称《月球协

---

① 《从国际法视角看当前国际形势》,《法治日报》2022 年 6 月 27 日,第 5 版。

定》)。而诸如 1963 年《局部禁止试验条约》等法律文件也可以被视为"空间法典"的一部分。之后,空间法出现了越来越多来源不同且约束力较低的规范,仅有较少部分像联合国大会决议那样具有普遍性的法律渊源。[①] 而有关外空活动争端解决的规定也主要体现在上述"五项空间条约"和联合国发布的一系列决议、原则或宣言中,以《外空条约》《责任公约》和《月球协定》较为突出。

(一) 1967 年《外空条约》对外层空间活动争端解决的原则性规定

1967 年联合国大会通过的《外空条约》第一次以国际条约的形式将从事外空活动的各项基本法律原则确定下来,成为国际外空法的基础性条约。《外空条约》17 个条文里仅在第 9 条规定了"国际磋商"的争端解决方法:首先,如果条约某一缔约国有理由认为,该国或其国民在外层空间,包括月球与其他天体在内计划进行的活动或实验可能对其他缔约国和平探测及使用外层空间,包括月球与其他天体在内的活动产生有害干扰时,则该缔约国在开始进行任何这种活动或实验之前,应进行适当的国际磋商。其次,如果条约某一缔约国有理由认为,另一缔约国在外层空间,包括月球与其他天体在内计划进行的活动或实验.可能对和平探测及使用外层空间,包括月球与其他天体在内的活动产生有害干扰时,则该缔约国可请求就该活动或实验进行磋商。另外,《外空条约》第 6、7 条确立了外空活动或发射活动的国家责任原则,排除了私人实体、国际组织对其空间活动的后果承担法律责任。由空间活动或空间物体造成损害而引起的有关责任问题的争端时,原则上,参与争端解决机制的主体不应当包括私人实体或国际组织。

(二) 1972 年《责任公约》对外层空间活动争端解决的规定与实践

针对应当根据何种法律来确定空间物体造成损害的赔偿责任的问题,《责任公约》第 12 条规定,发射国应当按照国际法以及公正与衡平原则来确

---

① 〔荷〕弗兰斯·冯·德·邓克、法比欧·特雷切蒂:《空间法专论》(上册),张超汉等译,知识产权出版社 2020 年版,第 22 页。

定它应当承担的赔偿责任。在传统国际法中,一国如果在求偿案件中提出赔偿,不仅需要法庭证明其有出庭资格,而且还需证明涉案的私人主体是该国国民。《责任公约》第 8 条对空间物体造成损害的求偿权问题作出了创新性规定:一是一国遭受损害或其自然人或法人遭受损害时得向发射国提出赔偿此等损害之要求;二是如果原籍国未提出赔偿要求,另一国得就任何自然人或法人在其领域内所受之损害,向发射国提出赔偿要求;三是如果原籍国或在其领域内遭受损害之国家均未提出赔偿要求或通知有提出赔偿要求之意思,另一国得就其永久居民所受之损害,向发射国提出赔偿要求。①

《责任公约》第 11 条第 1 款规定,求偿国或求偿国所代表的自然人、法人可以直接向发射国提出赔偿要求,而不必受传统国际法上的用尽当地救济原则的限制。求偿国、有关自然人或法人可以直接向发射国法院、行政法庭或机关提出赔偿损害的请求。但是,由于《责任公约》第 2、3、4 条规定,发生国应对其发射的空间物体造成的损害负有赔偿责任,因此,上述求偿请求必然会遇到国家及其财产豁免原则的障碍。因此,《责任公约》虽然规定求偿国及其有关自然人或法人可以直接向发射国提出求偿诉讼,但与求偿诉讼有关的国家豁免问题并没有得到彻底解决。②

《责任公约》第 9 条确立了国家之间通过外交途径解决外层空间活动损害赔偿问题的原则。第 14 条还规定,如果求偿国向发射国提出赔偿要求后一年之内通过外交谈判仍未获得解决的,有关各方应当在任何一方提出请求时成立赔偿要求委员会。该委员会根据类似仲裁程序就损害赔偿问题作出决定。赔偿要求委员会由三人组成,其中一人由求偿国指派,一人由发射国指派,第三人由双方共同选派,并担任主席。各方应于请求设立赔偿要求委员会之日起两个月内指派其人员。③ 通过委员会解决国家间关于外层空间活动的损害赔偿责任问题是和平解决国际争端原则在外层空间法领域的具体表现。

---

① 《责任公约》第 8 条(1)—(3)款。参见《外空物体所造成损害的国际责任公约》,https://www.un.org/zh/documents/treaty/A-RES-2777(XXVI),最后访问日期:2024 年 6 月 1 日。

② 李滨、赵海峰:《外层空间活动争端的解决机制》,《北京航空航天大学学报(社会科学版)》2006 年第 3 期,第 41 页。

③ 《责任公约》第 15 条。

适用《责任公约》解决损害求偿的案例,最著名的是 1978 年苏联的"宇宙954 号"卫星损害事件。1978 年苏联的核动力源卫星"宇宙 954 号"坠入加拿大境内,对加拿大环境造成损害。加拿大声称:① 加拿大组织寻找和救助活动中花费了 1 400 万加元;② 发射国苏联应对卫星坠落对加拿大造成的损害承担责任,并应赔偿 600 万加元。经过外交谈判,两国政府达成协议,苏联政府向加拿大政府支付 300 万加元,以了结"宇宙 954 号"卫星解体事件。本案未启动《责任公约》建立的求偿委员会的机制。

(三) 1979 年《月球协定》确立的和平解决争端的原则

1979 年《月球协定》[①]重申,有关国家间在履行协定时应当通过协商和平解决争端。《月球协定》第 15 条第 1 款在要求"缔约国得查明其他缔约国从事探索及利用月球的活动确是符合本协定"的同时还规定:"在月球上的一切外空运载器、装备、设施、站所和装置应对其他缔约国开放。"由此,协商制度作为争端解决方式,还具有一定的强制性,即当一国提出协商请求时,接到此要求的缔约国应立即开始协商,不得迟延,磋商结果应通知联合国秘书长,并由秘书长将所获情报转送一切有关缔约国;如果协商结果未能形成可以相互接受的解决办法,则有关各国应采取一切措施,以它们所选择并适合争端性质的其他和平解决方法来解决有关争端。[②]

除了上述三个外空领域的公约或协定,联合国大会还先后以决议形式通过的 1982 年《卫星国际直接电视广播的原则》、1986 年《从外层空间遥感地球的法律原则》,以及 1992 年《在外空使用核动力能源的原则》也分别强调了应当遵照《联合国宪章》的原则,以和平方法解决外层空间活动的争端。

二、外层空间活动争端解决机制的缺陷和完善方案

从整体上看,传统外层空间法(含涉及调整外层空间活动的条约、联合国

---

① 《关于各国在月球和其他天体上活动的协定》,https://www.un.org/zh/documents/treaty/A-RES-34-68,最后访问日期:2024 年 6 月 1 日。

② 《月球协定》第 15 条第(2)—(3)款。

决议或原则)对争端解决机制的规定主要存在以下问题。

(一) 传统外空活动争端解决机制的调整领域分散且存在空白领域

有关外层空间活动的争端及其解决的规定散见于不同的条约和原则决议中,而这些条约和原则决议对争端解决的规定不尽相同,例如在处理外空活动造成损害的赔偿责任时,《责任公约》规定了详细通过以外交途径解决和排除用尽当地救济原则的规定,而其他外空活动领域的争端解决机制则相对简单。此外,一些外层空间活动的争端解决尚存在空白。在现有的外层空间活动国际法渊源中,除了《外空条约》对争端解决机制的一般性规定、外空活动损害赔偿责任,以及各国在月球和其他天体上活动的争端解决进行了较为原则性的规定之外,在其他领域内的外空活动例如宇航员营救、空间物体的登记等方面则不存在专门的争端解决机制的法律规定。[①] 类似的,在外层空间卫星通信、卫星发射服务和某些遥感领域日益频繁的商业活动已经引发了新的争端,在这些商业领域中尚不存在相应的有效解决争端的机制,相关商业争端只能通过外交手段解决。

(二) 外空活动争端解决机制调整主体单一,难以适应外空活动的新发展

由于联合国关于空间活动的主要公约都是在冷战时期缔结的,东西方国家之间的利益分歧与政治对抗必然反映在这些条约中。鉴于政治、法律、经济、国防安全等方面重要利益,不同国家集团之间很难形成统一的方案,只能就和平解决国际争端的一般原则达成妥协,传统争端解决机制的调整对象因此主要针对的是国家、国际组织这类传统的国际法主体。[②] 如今,外层空间活动不仅包括但不限于外空活动与知识产权、国家安全、环境损害、贸易战略等交叉领域,而且涉及多个领域和多个主体的重要利益。例如,在美国国家

---

① 李滨、赵海峰:《外层空间活动争端的解决机制》,《北京航空航天大学学报(社会科学版)》2006 年第 3 期,第 42—43 页。

② 李滨、赵海峰:《外层空间活动争端的解决机制》,《北京航空航天大学学报(社会科学版)》2006 年第 3 期,第 43 页。

航空与航天局(NASA)商业轨道运输服务政策的推动下,美国太空探索公司(SpaceX)开发了可部分重复使用的猎鹰 1 号、猎鹰 9 号运载火箭和 Dragon 系列的航天器,将货物运送到国际空间站,开启了航天私营的时代。从争端解决角度看,国际合作对外层空间争端解决的规则构建和有效适用具有重要价值,而有关空间争端的解决由于直接关系外层空间商业化蓬勃发展、私人实体广泛参与空间活动的趋势,从而改变了以往以国家为主导的外空实践。外空活动日益呈现出专业化、类型化的趋势,参与主体更加多元化,传统争端解决机制已无法满足实践需求。[1]

(三) 传统外空活动争端解决机制缺乏有效的约束力

上述涉及外空活动的联合国原则或决议由于没有强制性的实施机制作为保障,因此,对主权国家并未产生有效的约束力,主要表现为以下两点。首先,大多数外层空间争端主要依靠政治手段,例如协商、谈判、调解等外交途径加以解决。对于是否通过和平方式解决外空活动争端的问题,争端当事国有较大的自由决定权,特别是如果有关争端当事国存在政治紧张或对抗的情形,则和平方式解决外空活动争端的原则将更难实施。此外,通过外交协商、谈判或调解解决国际争端的结果的公正性很大程度上受到当事国实力对比关系的影响。同时,当事国对相互间整体利益的衡量与协调,也会左右外层空间争端解决的具体方案。其次,联合国有关空间活动的公约与原则宣言缺乏专门的实施机构,难以有效监督和促进缔约国履行和平解决外空争端的公约义务。国际法的重要实践表明,国际条约的有效实施往往需要通过建立专门的国际机构,以及司法或准司法机制来为条约实施提供监督和保障。而联合国关于外层空间活动的基本条约没有设立专门的条约实施机构。[2]

针对传统外层空间争端解决机制的以上问题,建立和完善外空争端解决机制的构想大致可分为三种:一是通过在联合国原有关于空间活动公约的

---

① 雷益丹、刘亚铃:《外空争端解决中的国际仲裁》,《法学前沿》2023 年第 1 卷。

② 李滨、赵海峰:《外层空间活动争端的解决机制》,《北京航空航天大学学报(社会科学版)》2006 年第 3 期,第 43 页。

基础上制定统一的外层空间条约,规定完整的外空活动争端解决机制;二是不制定统一的外层空间条约,而是制定专门用来解决外空争端的国际公约,以此弥补联合国现有外空条约体系的不足;三是无需制定新的国际条约,可以充分利用现有国际争端解决机制来解决外空活动中产生的争端,通过对现有争端解决机制的完善,使其适应外空争端的解决。上述第三种方案已经得到了现有国际争端解决机构的回应。

三、外空活动争端解决的新发展——国际仲裁

随着外空商业化日益深入发展,国际仲裁途径凭借多元化争端解决制度基础和一系列外空领域规则探索、实践应用,为外空争端解决提供了新思路。2011年,国际常设仲裁法院出台了《外层空间活动相关争端任择仲裁规则》(简称《外空活动仲裁规则》),①针对外空活动争端解决作出了规则创新,弥补了传统外层空间法解决外空活动争端滞后的缺陷,为外空活动争端解决提供了多样化路径选择和前瞻性规则。

(一)调整主体

《外空活动仲裁规则》调整的外空行为主体包括国家、国际组织和私人实体。② 相比外层空间的条约法主要规制国家和国际组织这类传统国际法主体之间的规则,《外空活动仲裁规则》在调整主体方面具有弥补空白的创新性特征。

(二)受理案件范围

《外空活动仲裁规则》第35条规定:"仲裁庭应适用当事人指定的适用于

---

① Permanent Court of Arbitration (PCA). Optional Rules for Arbitration of Disputes Relating to Outer Space Activities. https://docs.pca-cpa.org/2016/01/Permanent-Court-of-Arbitration-Optional-Rules-for-Arbitration-of-Disputes-Relating-to-Outer-Space-Activities.pdf.

② Introduction, the 2011 Optional Rules for Arbitration of Disputes Relating to Outer Space Activities.

争议实质内容的法律或法律规则",另外,"在任何情况下,仲裁庭均应根据合同条款作出裁决,并应考虑适用于交易的任何贸易惯例"。① 这意味着只要当事方达成协议,将他们之间法律关系的契约型或非契约型纠纷交付仲裁,就可以依照该规则解决。为了避免争议与"与太空相关"这一先决问题关联所造成程序拖延,《外空活动仲裁规则》并不以与太空因素相关作为受理的必备要件,而是严格遵循当事人提交争端解决的"自愿"原则。② 这些规定客观上扩大了仲裁案件的受理范围,使更多的争端可以在 PCA 的仲裁框架内解决。

(三) 仲裁员和仲裁庭

在《外空活动仲裁规则》中,"当事人意思自治"原则贯穿仲裁流程,包括约定仲裁条款和选择适用法律,都以双方协商一致为执行开端。仲裁机构、仲裁庭的组成等都来自当事人达成的共识。

首先,外层空间活动具有专业性、保密性和与国家利益相关性的特征,《外空活动仲裁规则》为外空商事纠纷解决提供科技领域的专家仲裁员名单。③ 仲裁员根据其特殊技术或行业经验来任命,以处理与高科技航天器有关的机密或专有信息。仲裁允许当事人指定了解特定行业及其实践、合同和交易、业务技术方面,以及熟悉特定行业领域法律、法规的仲裁员。经与当事方磋商后,仲裁庭还可以邀请特定问题的专家撰写报告和接受质询。④

其次,专门性的仲裁规则旨在满足外层空间纠纷快速解决的需求。当事人可以共同或单独向仲裁庭提交"非技术文档",总结和解释认为能够利于理解争议问题的科学、技术或其他专业信息的背景。

---

① Article 35 (1) & (3), the 2011 Optional Rules for Arbitration of Disputes Relating to Outer Space Activities.

② Article 35 (2), the 2011 Optional Rules for Arbitration of Disputes Relating to Outer Space Activities.

③ Introduction, the 2011 Optional Rules for Arbitration of Disputes Relating to Outer Space Activities.

④ Article 8 - 10, the 2011 Optional Rules for Arbitration of Disputes Relating to Outer Space Activities.

最后,《外空活动仲裁规则》提供高于普通商事仲裁的保密要求。例如,从制造商、发射供应商或运营商角度看,卫星争端所涉及的高技术性数据往往被视为专有商业信息或商业秘密。《外空活动仲裁规则》规定,仲裁各方可以通过保密协议或类似安排限制其他各方对仲裁信息的使用;当事方还可以选择在仲裁庭面前保持信息的机密性,向法庭寻求一名专家作为"保密顾问"。[①]

(四)法律规则的适用

《外空活动仲裁规则》第 35 条规定,仲裁庭应当适用国内法和(或)国际法以及其认为适当的法律规则,并根据所订立的合同条款做出决定,考虑相关交易惯例的适用。此外,为解决公私交叉的仲裁实践问题,《外空活动仲裁规则》突破了仲裁庭适用法律时的规则来源,要求仲裁员不仅可以依照普通民商事一般法律规则对合同条款进行解释,而且可以对当事纠纷涉及的公约、条约、组织或机构约章进行解读。[②]

总之,《外空活动仲裁规则》为解决外空争端提供了相对可行且完善的争议解决方案,同时也契合外层空间领域的科学进步和法律需求,更为重要的是,该规则以形成和完善规则为起点,为探索研究和制定专门性程序规则的新型模式提供了有益的借鉴。[③]

第二节　南极条约体系中的争端解决

南极洲是地球上为数不多的无原住民的大陆,其由南极大陆和南大洋共同构成。与北极地区不同,南极洲主要由陆地组成,陆地面积为 1 400 多万平方公里,占地球陆地面积的近 10%。1959 年《南极条约》确立了和平、非军事

---

① Article 17 (6)—(8),Article 29,the 2011 Optional Rules for Arbitration of Disputes Relating to Outer Space Activities.

② Article 3 (3),the 2011 Optional Rules for Arbitration of Disputes Relating to Outer Space Activities.

③ 雷益丹、刘亚铃:《外空争端解决中的国际仲裁》,《法学前沿》2023 年第 1 卷。

化、科学研究、环境保护等国际治理的重要原则。经过 50 余年的发展，作为南极国际治理的宪法性条约，《南极条约》已经由单一条约发展为涵盖 1972 年《南极海豹保护条约》、1980 年《南极海洋生物资源养护公约》、1991 年《关于环境保护的南极条约议定书》(简称《马德里议定书》)等国际协议，以及由南极条约协商会议通过的大量措施或建议、决定以及决议等法律文件在内的庞大的南极条约体系。[①] 需要注意的是，现在的南极条约体系不包括 1964 年《保护南极动植物议定措施》(因其在 2011 年 7 月 1 日失效)，关于动植物保护，南极条约协商会议后来陆续通过了一系列文件。1988 年 6 月，南极条约协商会议通过了《南极矿物资源活动管理公约》，但该公约在向各协商国开放签字的过程中由于《马德里议定书》的通过而被中止，因此南极条约体系不包括该公约。[②] 在南极条约体系中，直接涉及南极争端解决的文件主要包括《南极条约》《南极生物资源公约》《马德里议定书》及其附件六。

一、南极争端的类型

如第一章所述，"国际争端"是国际法主体之间关于事实或法律问题上的分歧、法律的见解或利益的矛盾对立。[③] 考虑到南极特殊的地理和法律地位以及南极条约体系的相关规定，本书所指的"南极争端"主要涉及国家、国际组织等国际法主体之间关于南极法律地位、南极领土的陆地主权或南极海域范围的主权权利、南极科学研究、南极海洋环境或生物资源，以及南极和平利用等方面存在的法律观点、事实依据或利益关系的矛盾和对立，并集中在南极的领土主权、海域权利，以及涉及南极条约体系各文件的解释和适用的争端三个领域。此外，国际法院于 2014 年审结的"南极捕鲸案"(澳大利亚和新西兰诉日本)因涉及南极环境保护和海洋生物资源养护类争端而为世人关

[①] 陈力：《中国南极权益维护的法律保障》，上海人民出版社 2018 年版，"序言"、第 25 页。

[②] 郭红岩：《论南极条约体系关于南极争端的解决机制》，《中国海洋大学学报（社会科学版）》2018 年第 3 期，第 1 页。

[③] Mavrommatis Palestine Concessions Case. *P. C. I. J.*, Series A, No.2, 1942, p.111.

注,但该案没有"触动"南极条约体系的争端解决机制,因为国际法院对其所适用法律的审查主要涉及《国际捕鲸公约》《联合国海洋法公约》和《生物多样性公约》等国际法文件,鲜少提及南极条约体系的公约,[①]因此不在本书的讨论范畴之内。

(一)南极的领土主权争端

1908年,英国根据"扇形原则"首先对南极的部分区域提出主权要求。之后,新西兰、澳大利亚、法国、挪威、智利、阿根廷六国先后宣告它们各自对南极洲的领土主权范围,但英国、阿根廷、智利主张的领土大部分重叠,故存在争议。美国虽未对南极地区正式宣布占领,但其对于他国的南极领土主权要求一概不承认,而且声明保留自己对南极领土要求的权利。苏联的主张不够明朗,1950年苏联声明,如没有其参与,南极的任何方案,其都不承认。此外,德国、日本也在二战前后提出对南极的领土要求。这一时期的南极主权争端表现为直接且混乱的领土要求,南极政治关系十分紧张,甚至在1952年,英国和阿根廷还在南极半岛的霍普湾发生了冲突。1947—1954年,英国曾多次提出将南极领土主权分歧诉至国际法院,阿根廷和智利反对并拒绝。1955年,英国单方面向国际法院提出阿根廷和智利对南极有争议地区的主张为非法和无效行为,该案因阿根廷和智利拒绝接受国际法院的管辖而最终撤销。[②] 总之,上述主权声索国主要依据发现、有效占领、象征性兼并、国家行为、通告、扇形和毗邻原则等来主张南极的领土主权。

1959年12月1日,阿根廷、澳大利亚、比利时、智利、法国、日本、新西兰、挪威、南非、美国、英国、苏联等12国签署《南极条约》,[③]该条约于1961年6

---

① 刘丹、夏霁:《从国际法院2010年"南极捕鲸案"看规制捕鲸的国际法》,《武大国际法评论》2012年第1期,第293页。

② Antarctica case (United Kingdom v. Argentina), *I. C. J. Reports*, 1956, p. 12; Antarctica case (United Kingdom v. Chile), *I. C. J. Reports*, 1956, p.15.

③ 中国于1983年6月8日加入《南极条约》,并于1985年10月获得《南极条约》协商国资格,从此开始深度参与南极国际治理。参见《南极条约》,https://www.mfa.gov.cn/web/ziliao_674904/tytj_674911/tyfg_674913/202311/t20231122_11185073.shtml,最后访问日期:2024年6月1日。

月 23 日生效,共有 57 个缔约方,①其第 4 条规定:

"1. 本条约中的任何规定不得解释为:

(a) 任何缔约国放弃它前已提出过的对在南极洲的领土主权的权利或要求;

(b) 任何缔约国放弃或缩小它可能得到的对在南极洲的领土主权的要求的任何根据,不论该缔约国提出这种要求是由于它本身或它的国民在南极洲活动的结果,或是由于其他原因;

(c) 损害任何缔约国关于承认或不承认任何其他国家对在南极洲的领土主权的权利、要求或要求根据的立场。

2. 在本条约有效期间发生的任何行动或活动不得成为提出、支持或否认对在南极洲的领土主权要求的根据,或创立在南极洲的任何主权权利。在本条约有效期间,不得提出对在南极洲的领土主权的任何新要求或扩大现有的要求。"②

《南极条约》第 4 条以法律的形式冻结了南极的主权要求,中止了长期以来南极大陆的主权纷争,③成为具有基石作用的条款。

(二) 有关南极海域权利的争端

鉴于南极洲的独特自然状况和政治法律现实,相关国家对南极海域的权利要求涉及三大类争端。

一是对南极条约区域内海域的海洋权利的要求(maritime claims within the Antarctic area),提出这类主张的国家因毗邻南极大陆,其要求主要涉及该海域海洋权利要求的合法性问题,是南极海域法律地位的争议焦点。从时间看,南极大陆主权声索国针对南极领土周边海域海洋权利发表的声明均晚

---

① UN. Antarctic Treaty, https://treaties.unoda.org/t/antarctic?_gl=1*1grf7x5*_ga* MTExMjk2MDk5My4xNjg5NzM0ODQ1*_ga_TK9BQL5X7Z*MTcyNDEzODc1Ni40OS4xLjE 3MjQxMzkxNjEuMC4wLjA.

② 1959 年《南极条约》中文文本,https://www.un.org/zh/documents/treaty/UNODA-1959,最后访问日期:2024 年 6 月 1 日。

③ 胡德坤、唐静瑶:《南极领土与南极条约的缔结》,《武汉大学学报(人文科学版)》2010 年第 1 期,第 64—69 页。

于其对大陆的主权要求。已经提出"领海"声明的有澳大利亚、新西兰、法国、英国、阿根廷和智利,挪威保留做出声明的权利。提出"毗连区"声明的有澳大利亚、新西兰、法国、阿根廷和智利。向外大陆架界限委员会提出 200 海里以外的外大陆架申请的国家包括澳大利亚、英国、挪威、智利,而新西兰也提出保留南极领土外大陆架的权利。此外,随着《联合国海洋法公约》200 海里专属经济区制度的确立,澳大利亚、法国、阿根廷和智利通过声明的方式提出了其"南极领土"的 200 海里专属经济区。智利甚至提出了"存在海"(presential sea)的声明,但这一主张并没有得到南极条约缔约国的广泛承认。[①]

二是对亚南极岛屿相关海域的海洋权利的主张(maritime claims related to sub-Antarctic islands)。从地理上看,亚南极岛屿主要分布在南纬 40 度—62 度之间的南极辐合带上,包括位于大西洋一侧的南乔治亚岛、南桑威奇群岛、马尔维纳斯群岛、特里斯坦-达库尼亚群岛以及布韦岛;位于印度洋一侧的爱德华王子群岛、克罗泽群岛、凯尔盖朗群岛、阿姆斯特丹岛、圣保罗岛,以及赫德岛和麦克唐纳群岛;位于太平洋的一侧的麦夸里岛、奥克兰群岛、坎贝尔岛、安蒂波迪斯群岛和邦蒂群岛。因为这些"亚南极大陆岛屿"在《南极条约》的适用范围以外,因此除了个别情况外,[②]多数不存在岛屿主权争议,附属海域的法律地位相对明确。然而,这类相关海域的权利主张涉及岛屿沿海国向大陆架的延伸部分(进入南纬 60 度以南的南极条约区域),以及专属经济区主权权利和南极条约体系(特别是《关于环境保护的南极议定书》与《南极海洋生物资源养护公约》)之间的冲突和碰撞。挪威于 1976 年声明布维岛的 200 海里为其专属经济区;1978 年,法国宣布凯尔盖郎与克洛泽群岛为其专属经济区,并得到"南极生物资源养护委员会"主席声明通过的最终案文的承认与支持;南非在 1979 年发布声明,主张爱德华王子岛 200 海里为其专属经济区;澳大利亚 1979 年声明对赫德岛与麦克唐纳岛 200 海里为其专属渔区,此外,1994 年还根据《联合国海

---

① 陈力:《中国南极权益维护的法律保障》,上海人民出版社 2018 年版,第 78—79 页。
② 亚南极还存在主权争议的岛屿,例如英国和阿根廷均主张主权的南乔治亚和南桑威奇群岛(1985 年前是马尔维纳斯群岛的属地)。

洋法公约》声明对该海域的 200 海里为其专属经济区；阿根廷在 1991 年声明对其与英国存在主权争议的南乔治亚和南桑威奇群岛海域 200 海里专属经济区后，英国反应强烈，并于 1993 年发布国内立法主张对上述岛屿的 200 海里为其专属经济区。①

三是南极地区 200 海里外大陆架申请。国际法意义上的大陆架是沿海国家的陆地领土在海平面以下的自然延伸，是国家管辖海域的组成部分。1945 年 9 月，美国总统杜鲁门发布公告，宣称毗连美国海岸的大陆架底土和海床的自然资源属于美国，受其管辖和控制，这被视为现代大陆架制度的开端，此后引起多个国家效仿，推动形成了关于大陆架的国际法规则。根据 1982 年《联合国海洋法公约》，沿海国以勘探大陆架和开发其自然资源为目的对大陆架行使专属性的主权权利；第 76 条第 8 款规定，有条件主张外大陆架的沿海国，并不能自行确定其外部界限，而必须将有关该界限的情报提交给（200 海里）外大陆架界限委员会（CLCS），CLCS 应就有关划定外部界限的事项向沿海国提出建议，沿海国在这些建议的基础上划定的界限具有确定性和拘束力。截至 2024 年 6 月，CLCS 共收到 95 份来自《联合国海洋法公约》缔约国的外大陆架界限申请（另有 11 项 CLCS 要求修改的申请）。②澳大利亚、阿根廷、挪威、智利和英国正式提交的外大陆架界限申请涉及南极地区（包括南极大陆向南大洋自然延伸的大陆架以及次南极大陆岛屿向南延伸过南纬 60 度的大陆架部分），而新西兰、法国则声明保留对南极地区大陆架划界主张的权利，其中澳大利亚的申请尤为引人注意。2004 年 11 月 15 日，澳大利亚向 CLCS 提交外大陆架申请，在涉及其"南极领地"的部分，澳大利亚主张将扩展大陆架外部界限涵盖从领海基线量起超过 200 海里的区域 686 821 平方公里扩展的大陆架外部界限，以 157 个固定点确定。美国、俄罗斯、日本、东帝汶、法国、荷兰、德国和印

---

① 陈力：《中国南极权益维护的法律保障》，上海人民出版社 2018 年版，第 80 页。

② CLCS. Submissions, through the Secretary-General of the United Nations, to the Commission on the Limits of the Continental Shelf, pursuant to article 76, paragraph 8 of the United Nations Convention on the Law of the Sea of 10 December 1982, https://www.un.org/Depts/los/clcs_new/commission_submissions.htm.

度随后对澳大利亚的申请以照会的形式提出自己的关切。① 此外,智利于2022年2月28日根据《联合国海洋法公约》第76条第8款,向大陆架界限委员会提交关于从智利"南极领土"西部大陆架领海宽度的基线起200海里以外大陆架界限的资料。英国和阿根廷随后也分别于2022年4月和11月先后提交照会表明立场。②

(三)涉及南极条约体系各文件的解释和适用的争端

《南极条约》最大的贡献是以法律的形式冻结了南极主权,搁置主权争议。条约加入国必须以承认和接受《南极条约》所订立的条款为前提,从而奠定了国际共管南极的基本框架,确保了南极地区长期的和平与稳定。然而,由于南极法律地位不确定,各国根据南极条约体系相关文件制定的国内南极立法以及各国在南极活动过程中利益目标等方面的差异,不可避免地产生涉及南极条约体系解释和适用的争端。关于南极条约体系具体条款的"解释和适用"的争端可能涉及南极海洋生物资源的养护和利用、环境影响评价、动植物保护、南极旅游、废物管理和处理、海洋环境保护、南极特别区域,以及《马德里议定书》附件六所规定的南极环境紧急状况下的责任。③

二、南极条约体系所规定的争端解决方法

在南极条约体系中,和平解决解决南极争端的方法主要包括谈判、调查、调停、调解、仲裁和司法解决。

---

① 《CLCS.澳大利亚大陆架划界案执行摘要》(中文版),https://www.un.org/Depts/los/clcs_new/submissions_files/aus04/Documents/aus_2004_c.pdf,最后访问日期:2024年6月1日。

② CLCS. Commission on the Limits of the Continental Shelf (CLCS) Outer limits of the continental shelf beyond 200 nautical miles from the baselines: Submissions to the Commission: Submission by Republic of Chile, https://www.un.org/depts/los/clcs_new/submissions_files/submission_chl_89_2022.htm.

③ 郭红岩:《论南极条约体系关于南极争端的解决机制》,《中国海洋大学学报(社会科学版)》2018年第3期,第3页。

（一）和平解决南极争端的政治方法

《南极条约》第 11 条第 1 条规定：如果两个或两个以上的缔约国之间产生任何"关于本条约的解释或应用的争端"，缔约国应彼此进行协商，以便通过"谈判、调查、调停、调解、仲裁、司法解决或它们自己选择的其他和平方法"来解决其争端。此外，《南极海洋生物资源养护公约》①第 25 条第 1 款和《马德里议定书》②第 18 条也把"谈判、调查、调停与调解"作为和平解决南极争端可选择的方式。由于南极条约体系对于采用谈判、调查、调停与调解等政治解决方法未作专门规定，故如果争端当事国选择某一政治解决方法时，可以由争端当事国在不违反《联合国宪章》和南极条约体系规则的前提下进行具体安排。

（二）和平解决南极争端的法律方法

从南极条约体系的各类条约中的争端解决条款看，和平解决南极争端的法律方法主要包括国际仲裁和司法解决。

1. 国际仲裁

《南极条约》第 11 条第 1 款、《南极生物资源养护公约》第 25 条第 1 款和《马德里议定书》第 18 条都把"仲裁"作为和平解决南极争端的选择方式。《南极生物资源公约》第 25 条第 2—3 款和《马德里议定书》的第 19、20 条不仅对仲裁作出详细规定，而且两份文件还有专门的仲裁附件或在正文中予以规定。关于南极争端的临时仲裁，《南极生物资源养护公约》和《马德里议定书》都规定了 3 人仲裁。《生物资源公约》"关于仲裁法庭的附件"规定，当第 2 位仲裁员在规定的 40 天之内或第 3 位仲裁员在 60 天之内没

---

① 《南极海洋生物资源养护公约》的中文文本，参见《南极海洋生物资源养护公约》，https://treaty.mfa.gov.cn/tykfiles/20180718/1531876075707.pdf，最后访问日期：2024 年 6 月 1 日。

② 《马德里议定书》的中文文本，参见《关于环境保护的南极条约议定书》，https://treaty.mfa.gov.cn/tykfiles/20180718/1531876064307.pdf，最后访问日期：2024 年 6 月 1 日。

有指定时,由常设仲裁法院的秘书长指定,①而《马德里议定书》则把此项权利授予国际法院院长。②

2. 司法解决

在南极条约体系文件的相关条款中,在选择司法解决时明确要求选择国际法院。《南极条约》第11条第2款规定,如有未能用政治或仲裁等解决的争端,应在每次经该争端所有各方同意后"提交国际法院"解决,但如果不能就提交国际法院的问题达成协议,该争端各方"并不因此免除继续寻求用第1款所述的任何一种方法解决该争端的责任"。③《马德里议定书》第19条规定,在和平解决南极争端和尊重当事方自由同意选择解决方法的前提下,"各当事国可于签署、批准、接受、核准或加入本议定书时,或在其后任何时间,以书面声明的方式选择下列一种或两种方法解决关于本议定书第7、8、13和第15条及任何附件的规定的解释或适用的争端:国际法院;仲裁法庭。"该议定书第19条第4款规定:"如争端各方接受了解决争端的同一方法,除各方另有协议,该争端仅可提交该程序"。这表明,适用于南极争端的司法解决其实不局限在国际法院,只要争端当事国同意,也可以提交给有管辖权的其他国际法庭。④

(三)南极条约协商会议等国际机构与南极争端解决

在南极争端中,南极条约协商会议可以根据其权利和职能发挥其特有的作用。《马德里议定书》"附件六"第7条第5款规定:国家经营者的当事国赔偿责任,只能由南极条约协商会议确定;若问题仍无法解决,才能根据当事国共同确定的调查程序或该议定书的争端解决机制,而且南极条约协商会议在确定国家经营者的当事国赔偿责任时,应当酌情采纳环境保护委员会的意见。

---

①　《南极生物资源公约》"关于仲裁法庭的附件"中文本,参见《南极海洋生物资源养护公约》,https://treaty.mfa.gov.cn/tykfiles/20180718/1531876075707.pdf,最后访问日期:2024年6月1日。

②　《马德里议定书》第3条1(d)项。

③　参见《南极条约》,https://www.un.org/zh/documents/treaty/UNODA-1959,最后访问日期:2024年6月1日。

④　郭红岩:《论南极条约体系关于南极争端的解决机制》,《中国海洋大学学报(社会科学版)》2018年第3期,第5页。

第三节 国际文化遗产争端解决

目前已有众多研究者对文化遗产进行研究,例如结合法律、政治和历史的多学科综合研究、①详细整理现有法律制度及其发展研究②等。二战结束后,国际社会为保护文物、促进流失文物返还陆续制定了一些国际公约,例如1954年《关于发生武装冲突时保护文化财产的公约》(简称《保护文化财产公约》或1954年《海牙公约》)及其议定书、1970年《关于禁止和防止非法进出口文化财产和非法转让其所有权的方法的公约》、1972年《保护世界文化和自然遗产公约》、1995年国际统一私法协会《关于被盗或者非法出口文物的公约》等。然而,目前文化遗产法所提供的保护并不令人满意,一方面,国际文化遗产保护法的最大弱点是欠缺有力的执法机制,现有各公约的条款既不能提供足够的控制体系以确保规范适用的一致性,也没有设立专门的国际法庭;③另一方面,(文化遗产原归属国)即使利用既有国际公约追索文物,也面临条约无溯及力、约束力有限等难题。整体看,目前国际文化遗产争端除主要通过政治或外交谈判解决之外,还可以通过传统的争端解决方法,例如调解、仲裁和诉讼来解决。④

---

① A. F. Vrdojak. *International Law, Museums and the Return of Cultural Objects*. Cambridge: Cambridge University Press, 2006.

② I. A. Stamatoudi. *Cultural Property Law and the Restitution of Cultural Property: A Commentary to International Conventions and European Union Law*. Northampton: Edward Elgar Publishing, 2011; C. Forrest. *International Law and the Protection of Cultural Heritage*. London/New York: Routledge, 2010;[英]珍妮特·布莱克:《国际文化遗产法》,程乐等译,中国民主法制出版社2021年版。

③ [瑞士]亚历山大德罗·切奇:《国际文化遗产争端解决》,程乐等译,中国民主法制出版社2021年版,第1页。

④ 中国是联合国教科文组织《关于发生武装冲突情况时保护文化财产的公约》《关于禁止和防止非法进出口文化财产和非法转让其所有权的方法的公约》和国际统一私法协会《关于被盗或者非法出口文物的公约》的缔约国,并在国际公约框架下与秘鲁、意大利、美国等20个国家签署了防止盗窃、盗掘和非法贩运文化遗产的双边协定或谅解备忘录。参见《国家文物局正式发布外国被盗文物数据库》,https://www.gov.cn/xinwen/2018-04/20/content_5284618.htm,最后访问日期:2024年6月1日。

一、国际文化遗产：基本概念和争端类别

（一）"文化财产"和"文化遗产"的概念演进

在国际法背景下，"文化财产"（cultural property）的英文表述首次出现在 1954 年的《保护文化财产公约》里，该公约将"文化财产"定义为"对各国人民文化遗产具有重大意义的可移动或不可移动的财产。"随后又提供了一份未穷尽的清单，包括如下几类：① 建筑、艺术或历史上的纪念物，不论是宗教性的或者是世俗的；② 考古遗址；③ 具有历史或艺术价值的整套建筑物；④ 艺术品；⑤ 手稿、书籍和其他具有艺术、历史或考古价值的其他物品；⑥ 科学珍藏和书籍或档案的重要珍藏以及上述各物的复制品；等等。[①] "文化财产"这一概念涵盖了值得保护的文物广泛且综合的特点。相比之下，早期的国际法律文件并没有包含将艺术品和古物与其他财产相区别的精确术语。然而，"财产"一词应用于文物时会带来以下问题：首先，它限制了对可移动或不可移动的有形物品的保护范围，因此排除了非物质遗产；其次，它强调了私有制以及领土所属国的专属主权利益，进而隐含了以疏远、剥削、处置和排除他人使用或从中受益能力的形式；再次，该词的使用涉及独家所有者对某物品权利的认可，还要求适用可能限制此类权利的特定规范，并将访问和控制权与所有权分开；最后，虽然艺术品具有文化和经济价值，但是对于那些反对文物"商品化"的人而言，"财产"一词令人反感。[②]

20 世纪下半叶，"文化财产"的表述被"文化遗产"的概念所取代。"文化遗产"的首次表述出现在 1954 年《保护文化财产公约》中。[③]《保护文化财产公约》的序言中提到，缔约各方"深信属于任何人民的文化财产如遭受到损失，

---

① 《文化财产公约》第 1 条，参见《关于发生武装冲突时保护文化财产的公约和议定书》，treaty.mfa.gov.cn/tykfiles/20180718/1531876071649.pdf，最后访问日期：2024 年 6 月 1 日。

② T. Loulanski. Revisiting the Concept for Cultural Heritage: The Argument for a Functional Approach. *International Journal of Cultural Property*, Vol.13, 2006, pp.207, 209.

③ ［瑞士］亚历山大德罗·切奇：《国际文化遗产争端解决》，程乐等译，中国民主法制出版社 2021 年版，第 15 页。

也就是全人类文化遗产所遭受的损失";第 1 条规定:"文化财产"一词应包括对各国人民的"文化遗产"具有重大意义的可移动或不可移动的财产。联合国教科文组织 1972 年通过的《保护世界文化和自然遗产公约》进一步将"文化遗产"列为三大类:① 古迹:从历史、艺术或科学角度,具有突出的普遍价值的建筑物、碑雕和碑画;具有考古性质的成分或构造物、铭文、窟洞以及景观的联合体。② 建筑群:从历史、艺术或科学角度,在建筑式样、分布均匀或与环境景色结合方面具有突出的普遍价值的独立或连接的建筑群。③ 遗址:从历史、审美、人种学或人类学角度,具有突出的普遍价值的人类工程或自然与人的联合工程以及包括有考古地址的区域。[①]"文化遗产"的概念拓展了之前把文化财产作为主要经济性质的私人权利(或主权)物品的狭隘概念,其目标是将艺术和文化转变为集体利益。"文化遗产"一词的引入也源于最初保护理论的转变,即将古迹和艺术品分为"财产"(物理可感)和"文化"(无形)的二分法之物理实体保护的方法已经不再充分。广义的"文化遗产"概念使其保护范围扩展到文化资产的物理结构之外,涵盖了无形的人文维度,使国际保护范围扩展到历史文物、纪念馆和遗址之外的文化表现形式,特别是在过去三十多年中,"非物质文化遗产"[②]以保护某个特定的社会生活和思考方式的非物质文化的表现形式而为人所熟知,其中包括文化、教育、经济、娱乐和审美等多重价值观和内在意涵。[③]

为论述之便,本书集中分析物质文化遗产国际争端所涉及的实体性和程序性问题,并未拓展至非物质文化领域。

(二) 国际文化遗产争端的类型

鉴于本节所聚焦的文化遗产,国际文化遗产争端类型主要包括以下五类:

---

① 《保护世界文化和自然遗产公约》第 1 条,参见《保护世界文化和自然遗产公约》,https://www.un.org/zh/documents/treaty/whc,最后访问日期:2024 年 6 月 1 日。

② 2003 年,联合国教科文组织通过《保护非物质文化遗产公约》。UNESCO.《2003 年〈保护非物质文化遗产公约〉基本文件(中文本)》,https://unesdoc.unesco.org/ark:/48223/pf0000230504_chi,最后访问日期:2024 年 6 月 1 日。

③ T. Loulanski. Revisiting the Concept for Cultural Heritage: The Argument for a Functional Approach. *International Journal of Cultural Property*,Vol.13,2006,pp.207,214.

（1）由于战争、占领、殖民，从私人或公共机构处获得文物返还引发的争端。

（2）从个人、团体、公共机构处盗窃，在考古遗址非法挖掘（或非法保留合法挖掘物），违反国家法律的出境所导致的和平时期被移走文物返还引发的争端。

（3）关于归还土著人祖传土地的争端。

（4）无论是出于类似战争的情况或故意攻击，还是出于如投资目的的实施等非暴力程序，关于保护不动产的争端。

（5）有关水下沉船和考古遗址中打捞的物品返回诉求。

二、国际文化遗产公约中的争端解决

二战后，国际社会已经逐步建立了全面的国际公法制度，以规范和保护文化遗产。结合国际文化遗产的类型，本书将介绍这些构成国际文化遗产法律文件的基本框架或特征，并将重点放在其中涉及争端解决的部分或条款。

（一）武装冲突时期保护文化财产的公约

《陆战法规和惯例公约》（简称《1907 年海牙第四公约》）的重要意义在于：即使是在包围或轰击的情况下文物不受侵害的原则。该公约禁止在被占领土内没收、摧毁或有意破坏具有宗教、慈善、教育、艺术和科学性质的机构，以及文物古迹和艺术品（即使它们是国家财产），但这些规定未能阻止一战期间交战国对文物的广泛破坏。世界大战期间文化财产的大肆毁坏为文化遗产保护敲响了警钟，各国认识到保护人类文化遗产公约的必要性，这也促成了 1954 年 5 月 14 日《保护文化财产公约》的通过。由于不是所有国家都受《保护文化财产公约》的约束，1974—1977 年在日内瓦召开了关于重申和发展适用于武装冲突的国际人道法的外交会议，会议在《日内瓦公约》两个附加议定书中增加了保护文化财产的条款，[①]人们普遍认同这些规定是习惯

---

① 参见《第一附加议定书》第 53 条、《第二附加议定书》（该附加议定书适用于非国际性武装冲突）第 16 条。

法规则,因此适用于所有交战方,无论其是否受附加议定书的约束。由于渴望改进发生武装冲突时对文化财产的保护,《保护文化财产公约》缔约国于1999年3月26日通过了《关于发生武装冲突时保护文化遗产的第二议定书》(简称1999年《第二议定书》),目的是通过建立强化的保护体系以加强对具有人文重要性物体的保护。[1]

1954年《保护文化财产公约》规定:"凡在一缔约国的领土一部或全部被占领之场合,即使此项占领未遇武装抵抗,亦适用本公约。"[2]公约规定了缔约国尊重文化财产的义务,各缔约国承允"不为可能使之在武装冲突情况下遭受毁坏或损害的目的,使用文化财产及紧邻的周围环境或用于保护该项财产的设施以及进行针对该等财产的敌对行为,以尊重位于其领土内以及其他缔约国领土内的该等文化财产"。[3]《保护文化财产公约》规定了各国保障文化财产的其他义务,主要包括:① 采取其认为适当的措施,于和平时期准备好保障位于其领土内的文化财产,使之免受武装冲突可预见的影响;[4]② 禁止、防止及于必要时制止对文化财产任何形式的盗窃、抢劫或侵占以及任何破坏行为,不得征用位于另一缔约国领土内的可移动文化财产;[5]③ 缔约国不得对文化财产施以任何报复行为;[6]④ 占领另一缔约国全部或部分领土的缔约国应尽可能协助被占领国国家主管当局保护并保存其文化财产;[7]等等。《保护文化财产公约》鼓励缔约国用蓝白色盾状标识以保护不能移动的文化财产。[8] 尽管《保护文化财产公约》引入了刑事责任[9]的措施,但其争端

---

[1]　弗朗索瓦·比尼翁(François Bugnion):《发生武装冲突时文化财产法律保护的起源与发展》,https://www.icrc.org/zh/document/bugnion-cultural-property-beijing,最后访问日期:2024年6月1日。

[2]　1954年《保护文化财产公约》第18(2)条。

[3]　1954年《保护文化财产公约》第4(1)条。

[4]　1954年《保护文化财产公约》第3条。

[5]　1954年《保护文化财产公约》第4(3)条。

[6]　1954年《保护文化财产公约》第4(4)条。

[7]　1954年《保护文化财产公约》第5(1)条。

[8]　1954年《保护文化财产公约》第16条。

[9]　《保护文化财产公约》第28条(制裁)规定:各缔约国承允于其普通刑事管辖权范围内采取必要步骤,以对违反或唆使违反本公约的人,不问其国籍,进行起诉并施以刑事或纪律制裁。

解决部分只规定了以"保护国"和"联合国教科文组织总干事"为基础的调解程序,①并未提供全面而有约束力的争端解决机制。事实证明,公约在时局需要时反而难以适用。例如,克罗地亚和波斯尼亚在巴尔干战争时期,还有科威特在第一次海湾战争时期所遭受的灾难性文化损失表明,当交战方由于具有歧视性的民族主义而把交战方作为目标时,1954 年《保护文化财产公约》的作用极为有限。②

1999 年《第二议定书》对 1954 年《保护文化财产公约》在争端解决方面作出了重大改进,第 33 条赋予联合国教科文组织总干事以某些调解权;第 35 和 36 条具体规定了保护国和总干事的调解权和协调权,其中,第 36 条提供了新的争端选择:一是赋予总干事"主动斡旋或以任何其他形式的调解或协调行事"的诚意;二是授予武装冲突期间的政府间文化财产保护委员会及其主席以权力,"提议缔约方召开会议,特别是负责保护文化财产的主管部门的代表会议,如果认为合适,可在非缔约国家领土上召开"。③

(二) 禁止和防止非法进出口文化财产和非法转让其所有权方法的公约

1970 年联合国教科文组织《关于禁止和防止非法进出口文化财产和非法转让其所有权的方法的公约》(简称《联合国教科文组织公约》),主要目标就是禁止和预防文化财产的非法进出口、非法交易,以及非法所有权转让。《联合国教科文组织公约》对"文化财产"的定义比较广泛,不具有追溯力,在实践中侧重于遏制现代非法出口和盗窃文化财产,该公约并非自动执行,因此要求缔约国通过必要的立法来实施。④ 具体而言,《联合国教科文组织公约》是通过对缔约国施加义务的方式而运作的:① 设立保护文化遗产的专门

---

① 参见 1954 年《保护文化财产公约》第 22 条(调解程序)。

② Final Report of the United Nations Commission of Experts Established Pursuant to Security Council Resolution 780 (1992), Annex XI, Destruction of cultural property report, S/1994/674/Add.2 (Vol. V), 28 December 1994.

③ 〔瑞士〕亚历山大德罗·切奇:《国际文化遗产争端解决》,程乐等译,中国民主法制出版社 2021 年版,第 99 页。

④ 〔瑞士〕亚历山大德罗·切奇:《国际文化遗产争端解决》,程乐等译,中国民主法制出版社 2021 年版,第 100 页。

服务机构;①② 证件发放制度;②③ 缔约国有权对责任者予以惩处或者制裁;③④ 控制文物贸易。④ 通过公约促进文物返还已有不少成功的先例,例如,2019 年,意大利将一批近 800 件陶罐和陶马等文物交还给中国,这批文物所涉及的年代从新石器时代至明代,它们是在意大利的一个市场上非法销售时被有关部门发现的;2020 年,荷兰将该国海关截获的一尊陶制头像交还尼日利亚,这座被不法分子走私出境的头像至少有 600 年历史,这也是荷兰在 2009 年加入《联合国教科文组织公约》后的首次文物归还,体现了两国政府的合作以及公约的价值;2020 年 12 月,中国的圆明园马首铜像在海外漂泊多年后也正式"回家"。⑤

《联合国教科文组织公约》第 7 条有关文物归还的规定争议很大,其第 7.2(1) 条规定缔约国有归还从有限范围内被盗文物的责任,即该文物是从"另一缔约国的博物馆、宗教或世俗的公共纪念碑或类似机构被盗",并且"已用文件形式列入该机构的清单"。第 7.2(1) 条虽然旨在促进归还,但它规定的文物范围不够广泛,与国际社会文化遗产和保护其免遭传播风险的普遍利益相抵触。此外,第 7.2(1) 条还规定,归还义务的条件是请求国向"不知情的买主"或"对物品具有合法权利者"支付"公平的赔偿"。该条款受到的批评主要有:① 该规定造成文物盗窃的受害者必须重新购买其财产,并且无视许多发展中国家无法提供赔偿的实际情况;② 该公约的利益和负担在成员国之间分配不公,因为该规定虽然旨在协助来源国,但进口国不得不为诉讼和交易费用提供资金。⑥《联合国教科文组织公约》的另一个突出问题是,公约 1970 年通过时覆盖全球的互联网还没有出现,而如今有许多非法文物贸易

---

① 1970 年《联合国教科文组织公约》第 5 条。参见《关于禁止和防止非法进出口文化财产和非法转让其所有权的方法的公约》,treaty. mfa. gov. cn/Treaty/web/detail1. jsp? objid = 1531876060955,最后访问日期: 2024 年 6 月 1 日。

② 1970 年《联合国教科文组织公约》第 6 条。

③ 1970 年《联合国教科文组织公约》第 8 条。

④ 1970 年《联合国教科文组织公约》第 10 条。

⑤ 《帮助文化财产回归原有国:解读联合国教科文组织〈1970 年公约〉》,https://news. un. org/zh/story/2020/12/1073992,最后访问日期: 2024 年 6 月 1 日。

⑥ L. J. Borodkin. The Economics of Antiquities Looting and a Proposed Legal Alternative. *Columbia Law Review*, Vol.95, 1995, pp.377, 389.

都在网络和社交媒体平台上进行,网络所提供的"便利"也增加了交易的数量,出现了规制的"空白地带"。

《联合国教科文组织公约》所规定的政府间属性决定了其侧重点在于外交合作,而非用司法方式解决争端,其第 17 条规定:"经对本公约的实施有争议的两个以上的本公约缔约国的请求",联合国教科文组织可以提供斡旋以解决争端。① 公约其实并未提供其他解决机制以解决公约适用方面的争端,由于部分国家对于国际法院心存芥蒂,因此其中并没有把争端提交给国际法院的条款。②

实践中,成立于 1978 年的"促进文化财产归还原属国或返还非法占有文化财产政府间委员会"(ICPRCP)承担了协助联合国教科文组织处理超出现有(非追溯性)公约框架的案件,例如由于殖民或外国占领,或者由于在 1970 年《联合国教科文组织公约》生效以前非法占用而丢失的历史文物案件的纠纷。③

(三) 有关被盗和非法出口文物的公约

1995 年 6 月,国际统一私法协会《关于被盗或者非法出口文物的公约》(简称 1995 年《国际统一私法协会公约》)正式通过,这部公约涵盖所有被盗文化财产,包括未登记和未申报的物品。此外,该公约还规定,所有被盗物品必须归还,目标是解决因国家规则间的差异而产生的问题,并弥补了 1970 年《联合国教科文组织公约》的某些缺陷。《国际统一私法协会公约》某种意义上可以视为 1970 年《联合国教科文组织公约》的议定书,④至此,打击非法贩运文化物品的法律措施臻于完善。截至 2020 年 10 月,《联合国教科文组织公约》有 140 多个缔约国。世界各地的许多博物馆,例如伦敦的大英博物馆

---

① 1970 年《联合国教科文组织公约》第 17(5)条。

② O'Keefe, Patrick J. *Commentary on the 1970 Convention on Illicit Traffic*. Leicester: Institute of Art and Law, 2000, p.95.

③ [瑞士]亚历山大德罗·切奇:《国际文化遗产争端解决》,程乐等译,中国民主法制出版社 2021 年版,第 101 页。

④ O'Keefe, Patrick J. *Commentary on the 1970 Convention on Illicit Traffic*. Leicester: Institute of Art and Law, 2000, p.15.

和洛杉矶的盖蒂博物馆都以《联合国教科文组织公约》通过的 1970 年为界，规定此后必须查证落实物品来源，使得被贩运的文物要进入流通渠道变得更加困难。①

《国际统一私法协会公约》②在"序言"部分明确，在文物的返还和归还方面需制定"共同的、最低限度的法律规范"，以防止贩运者利用国家法律制度之间的差异来牟取不法利益。"序言"还特别提及"保护文物遗产和文化交流对促进人民之间的理解的特殊重要性"、缔约国深切关注"在文物方面的非法交易以及由此引起的经常发生的无可挽回的损害"，并且"这对于文物本身和民族、部落、土著居民或者其他社团的文化遗产以及对全人类遗产造成了无可挽回的损害"。

《国际统一私法协会公约》适用于两类国际性请求：一是被盗文物的返还；二是非法出口文物，即"归还因违反缔约国为保护其文化遗产之目的制定的文物出口法律而被移出该国领土的文物"。③ 对于被盗文物而言，第 3 条规定，那些"非法发掘或者合法发掘但非法持有的文物"都视为被盗，"只要符合发掘发生地国家的法律"，同时"被盗文物的占有人"应该"归还被盗物"。④ 关于返还被盗文物的请求时效，"应自请求者知道该文物的所在地及该文物占有人的身份之时起三年内提出，并在任何情况下自被盗时起五十年以内提出"。⑤ 第 4 条第 1 款规定，只要占有人"不知道也理应不知道"该物品为被盗，并且"能证明自己在获得该物品时是慎重的"，返还该文物时就有权得到"公正合理"的补偿。

关于争端解决，《国际统一私法协会公约》第 8 条第 1 款规定，相关请求可以向以下具有管辖权的单位提起：① 文物所在地的缔约国法院或者其他

---

① UNESCO：《一部开创性公约》，https：//www. unesco. org/zh/articles/yibukai chuangxinggongyue，最后访问日期：2024 年 6 月 1 日。

② 1995 年《国际统一私法协会公约》的中文文本，参见《国际统一私法协会关于被盗或者非法出口文物的公约》，treaty. mfa. gov. cn/Treaty/web/detail1. jsp？objid＝1531876070902，最后访问日期：2024 年 6 月 1 日。

③ 1995 年《国际统一私法协会公约》第 1 条。

④ 1995 年《国际统一私法协会公约》第 3(1)—(2)条。

⑤ 1995 年《国际统一私法协会公约》第 3(3)条。

主管机关;② 据其现行法律拥有管辖权的缔约国法院或者其他主管机关。第 2 款规定,当事人可以将争议提交"任何法院或者其他主管机关",或者"提交仲裁",但没有对仲裁程序提供指导建议。归还失窃物品的申诉主体可以是国家、法人或个人,但对于非法出口的文物则只有国家才有权提出申诉。在下列情况下,由国家提出的申诉比较容易成功:① 文物过去和现在都属于禁止出口之列;② 未签发出口许可证;③ 请求国可以证明某些利益受到损害;④ 及时提出请求;⑤ 向善意占有人支付合理的补偿。① 第 6 条规定,在"被要求归还文物的占有人"与请求国协商一致的情况下,有两种办法可以替代补偿:一是保留对物品的所有权;二是有偿或者无偿地将所有权转让给他所选择的居住请求国境内,并提供了担保人。②

　　1995 年《国际统一私法协会公约》在来源国和市场国的不同利益之间、大陆法系和英美法系之间实现了微妙的折中。然而,由于该公约的适用范围广泛、要求严格,截至 2024 年 6 月,公约只有 54 个缔约方。③ 同时,非缔约国的博物馆和艺术专业人士可能还会遭受依据公约提出申诉的"误伤",例如,非缔约国的博物馆如果将购买的该公约缔约国被盗或非法发掘的文物出售给公约另一缔约国的买方,则会出现"误伤"的情况;如果原始所有者在后一个国家的法院中要求出售该物品,则不论卖方如何诚实或尽职,买方都有可能被迫退还该物品。④

(四) 保护世界文化和自然遗产的公约

　　1972 年,联合国教科文组织大会通过了《保护世界文化和自然遗产公约》(World Heritage Convention,WHC),旨在促进缔约国的"国际援助和合

---

① ［瑞士］亚历山大德罗·切奇:《国际文化遗产争端解决》,程乐等译,中国民主法制出版社 2021 年版,第 106 页。
② 1995 年《国际统一私法协会公约》第 6(3)条。
③ UNIDROIT. State Parties, https://www.unidroit.org/instruments/cultural-property/1995-convention/status/.
④ ［瑞士］亚历山大德罗·切奇:《国际文化遗产争端解决》,程乐等译,中国民主法制出版社 2021 年版,第 106—107 页。

作,特别是财政、艺术、科学及技术方面的援助和合作"。① WHC 提出了一套完善的机制,包括设置世界遗产委员会(简称 WHC 委员会)、世界遗产名录(WHC 清单)和《濒危世界遗产名录》,其中缔约国对世界遗产名录的推荐起到了决定性作用。

然而,WHC 没有设置对缔约国进行惩罚或解决争端的条款。鉴于WHC 目标和宗旨以及缔约国承担义务的性质等因素,联合国教科文组织的会员国希望优先采用外交途径解决争端。然而,从过去的事例看,某些遗产的管理方式可能导致 WHC 委员会和缔约国之间的紧张关系。同时,由于特定遗产的普遍价值问题、合作义务的内容或将某地点列入《濒危世界遗产名录》等事由容易引发争议,弗朗西斯科·弗朗西尼奥建议在 WHC 委员会内部成立一个"技术法律工作组",就"公约和《操作指南》具体规定的含义"解决分歧,并在必要时向缔约国大会提供合理的报告。②

(五) 保护水下文化遗产的公约

1982 年《联合国海洋法公约》第 149 和 303 条专门述及考古和历史文物,规定缔约国有义务保护文物,并将水下文物与普通物品区别开。第 149 条规定:"在区域(即深海区域)内发现的一切考古和历史文物,应为全人类的利益予以保存和处置,但应特别顾及来源国、文化上的发源国、历史和考古上的来源国的优先权利。"第 303 条第 4 款规定允许制定更多有关保护水下文化遗产方面的具体规则,但从整体看,这两条规定都没有具体述及和保证赋予水下文化遗产的严格保护准则。③ 第 303 条第 3 款还规定了适用打捞法的优先

---

① 1972 年《保护世界文化和自然遗产公约》第 4 条,参见《保护世界文化和自然遗产公约》的中文文本,https://whc.unesco.org/archive/convention-ch.pdf,最后访问日期:2024 年 6 月 1 日。

② Francesco Francioni. Thirty Year On: In the World Heritage Convention Ready for the 21st Century? *Italian Yearbook of International Law*, Vol.12, 2002, pp.13, 36.

③ UNESCO.《联合国教科文组织保护水下文化遗产资料包》,https://unesdoc.unesco.org/ark:/48223/pf0000143085_chi,最后访问日期:2024 年 6 月 1 日。

权,但在实践中打捞法则可能与沿海遗产保护相冲突。①

2001 年联合国教科文组织《保护水下文化遗产公约》填补了国际文化遗产法方面的空白,解决了一些《联合国海洋法公约》悬而未决的问题。《保护水下文化遗产公约》意识到作为人类文化遗产组成部分的水下文化遗产的重要性,同时通过专门保护机制和缔约国之间的合作方案来保护水下文化遗产。任何国家均可成为《保护水下文化遗产公约》缔约方,不论其是否为《联合国海洋法公约》缔约国。②《保护水下文化遗产公约》第 1 条将"水下文化遗产"定义为:"至少 100 年来周期性地或连续地,部分或全部位于水下的具有文化、历史或考古价值的人类生存的遗迹"。在水下遗产的保护措施方面,《保护水下文化遗产公约》第 2 条第 5 段规定,在允许或进行任何开发水下文化遗产的活动之前,(在当前所在海底位置)"就地保护"水下文化遗产应作为"首选方案",但是在批准开展这类活动时,必须考虑活动能否为保护或认识水下文化遗产做出重大贡献;③缔约国不得以交易或投机为目的对水下文化遗产进行商业性开发或造成无可挽回的流失。④《保护水下文化遗产公约》还建立了具体的国际合作机制,包括在专属经济区、大陆架和"区域"内实施遗产保护措施时进行报告、磋商和协调。⑤ 这一义务扩大到控制和预防水下文化遗产的非法贩运、扣押和处置、合作与信息共享、公众意识、培训以及建立国内主管部门等。

2019 年,《保护水下文化遗产公约》缔约国会议曾将以下五个案例评为水下文化遗产保护的典型案例:(法国)阿尔勒罗讷河 3 号沉船打捞、重建、复原及展示;(墨西哥)新克罗海岸水下文化遗产;(葡萄牙)亚速尔水下考古立法;(斯洛文尼亚)卢布尔雅尼察河现象;(西班牙)梅赛德斯号沉船项目。⑥

---

①　E. Boesten. *Archaeological and（or）Historic Valuable Shipwrecks in International Waters: Public International Law and what it Offers*. The Hague：T. M. C. Asser Press, 2002，pp.97‐98.

②　《保护水下文化遗产公约》第 3 条。

③　《保护水下文化遗产公约》的附件所列《有关开发水下文化遗产之活动的规章》第 1 条。

④　《保护水下文化遗产公约》第 2 条第 7 段。

⑤　《保护水下文化遗产公约》第 9—11 条。

⑥　UNESCO：《5 新项目被列入水下文化遗产保护最佳实践》,https://www.unesco.org/zh/articles/5xinxiangmubeilierushuixiawenhuayichanbaohuzuijiashijian,最后访问日期:2024 年 6 月 1 日。

在争端解决方面,在《保护水下文化遗产公约》谈判中,许多代表团呼吁把国际法院作为唯一的庭审机构,但考虑到《联合国海洋法公约》和《保护水下文化遗产公约》之间的"接口",①大多数代表选择提及《联合国海洋法公约》第十五部分的争端解决程序。②《保护水下文化遗产公约》第 25 条第 1—2 款规定,在解释或实施本公约时出现的任何争端,都应以"协商"或它们所选择的"其他和平方式"加以解决;如果此类协商未能在合理的时间内解决争端,可经当事缔约国同意后"交由教科文组织调解"。第 25 条第 3、4 款授权缔约国(包括《保护水下文化遗产公约》和《联合国海洋法公约》的缔约国,以及没有加入《联合国海洋法公约》的《保护水下文化遗产公约》缔约国)在四个争端解决程序之间选择《联合国海洋法公约》第 287 条所列举的四类争端解决程序③来解决《保护水下文化遗产公约》语境下的争端。

《保护水下文化遗产公约》对争端解决的规定仅限于国家之间的申诉,而严格的私人争端(例如相互竞争的救助之间的争端)则超出了该公约的管辖范围。可以预见,由于《保护水下文化遗产公约》引起的多数争端将在国家和非国家实体之间发生,最有可能是关于扣押材料、公约适用和"商业"的含义等问题。这些问题或将留给国内司法程序处理。④

第四节　《BBNJ 协定》的争端解决程序

经过近 20 年的艰苦谈判,联合国 193 个会员国于 2023 年 6 月 19 日在

---

① 《保护水下文化遗产公约》第 3 条(本公约与《联合国海洋法公约》之间的关系)规定:"本公约中的任何条款均不得妨碍国际法,包括《联合国海洋法公约》,所赋予各国的权利、管辖权和义务。本公约应结合国际法,包括《联合国海洋法公约》,加以解释和执行,不得与之相悖。"

② 〔瑞士〕亚历山大德罗·切奇:《国际文化遗产争端解决》,程乐等译,中国民主法制出版社 2021 年版,第 111 页。

③ 这四类争端解决方式包括:一是根据《联合国海洋法公约》附件六设立的国际海洋法法庭;二是国际法院;三是根据《联合国海洋法公约》附件七设立的仲裁法庭;四是根据《联合国海洋法公约》附件八设立的特别仲裁法庭,处理其中指定的一种或多种争端。

④ E. Boesten. *Archaeological and（or）Historic Valuable Shipwrecks in International Waters: Public International Law and what it Offers*. T. M. C. Asser Press, 2002, pp. 188-190.

纽约联合国总部通过了一项具有法律约束力的新协定——《〈联合国海洋法公约〉下国家管辖范围以外海域生物多样性养护与可持续利用协定》(简称《BBNJ协定》),①对国际政治和海洋法等领域产生了重大影响。争端解决条款是《BBNJ协定》的重要构成部分,这些条款以1995年《鱼类种群协定》为蓝本,同时还参考适用了《联合国海洋法公约》的争端解决机制。②

一、BBNJ 政府间谈判期间各国有关争端解决的提案

2019年5月,联合国大会发布了由BBNJ政府间谈判大会主席瑞娜·李(Rena Li)大使起草的《〈联合国海洋法公约〉框架下与国家管辖范围以外区域海洋生物多样性的养护和可持续利用有关的协定案文草案》(简称《零案文草案》,*Zero Draft*)。在漫长的BBNJ谈判期间,有学者研究认为,日后达成的《BBNJ协定》下的争端解决机制或程序至少应遵循四项标准:① 遵循国际法上的国家同意原则;② 确保解决争端的"成本效益性";③ 不损害现有的文书、框架和机构;④ 保持相关国家之间利益的平衡。③

《零案文草案》第九部分"争端的解决"包括第54条"以和平方式解决争端的义务"和第55条"解决争端的程序"。第54条与1995年《鱼类种群协定》第27条规定一样,与《联合国宪章》第33条第1款一致,因此得到多数代表团广泛支持。与第54条比较而言,BBNJ政府间谈判第三次会议期间各国、非政府组织等谈判参与方对第55条(争端解决具体程序)的分歧较大,整体看,谈判方的立场可以归纳为下列几种提案。④

---

① Agreement under the United Nations Convention on the Law of the Sea on the Conservation and Sustainable Use of Marine Biological Diversity of Areas beyond National Jurisdiction, https://treaties.un.org/Pages/ViewDetails.aspx?src=TREATY&mtdsg_no=XXI-10&chapter=21&clang=_en.

② 林兆然:《〈BBNJ协定〉争端解决机制评析:自愿、强制抑或另一视角》,《武大国际法评论》2023年第5期,第43页。

③ 施余兵:《BBNJ国际协定下的争端解决机制问题探析》,《太平洋学报》2020年第6期,第17—19页。

④ 施余兵:《BBNJ国际协定下的争端解决机制问题探析》,《太平洋学报》2020年第6期,第19—25页。

一是"《零案文草案》第 55 条"提案。该提案支持《零案文草案》第 55 条的原文表述,即将 1982 年《联合国海洋法公约》第十五部分和 1995 年《鱼类种群协定》第八部分的争端解决程序比照适用于《BBNJ 协定》。支持者包括欧盟、新西兰、澳大利亚、冰岛、瑞士、摩洛哥、加勒比共同体、南非、斐济、公海联盟等。

二是"通过加强国际海洋法法庭的作用对第 55 条进行修订"提案,支持者主要为非洲集团、斯里兰卡、尼日利亚、南非、太平洋小岛屿发展中国家等,具体的提案类型包括:将《联合国海洋法公约》第 287 条下在各方没有明确选择争端解决方式时默认的争端解决机制或平台由仲裁更改为 ITLOS(方案 1)、建立一个 ITLOS 的特别分庭(方案 2)、利用 ITLOS 海底争端分庭(方案 3)、授予 ITLOS 全庭咨询管辖权(方案 4)、以 ITLOS 为样本设立一个新的机构或者扩展 ITLOS 的权限(方案 5)。

三是"自愿适用第 55 条"提案。该提案主张应使用谈判和协商等非对抗性的争端解决机制来解决与《BBNJ 协定》的解释或适用有关的争端。具体而言,缔约国"可以"同意《联合国海洋法公约》第十五部分就解决争端订立的各项规定比照适用于《BBNJ 协定》缔约国之间有关协定的解释或适用的一切争端,而不论这些国家是否也是《联合国海洋法公约》的缔约方。

四是"规定技术性争端"提案。该提案的内容与《鱼类种群协定》第 29 条"技术性争端"内容完全一致,其目的是通过由有关各国成立的《鱼类种群协定》的特设专家小组来迅速解决涉及技术性事项的争端。

五是"规定预防争端机制"提案。提案意在建立一个类似《鱼类种群协定》第 28 条的预防争端机制,[①]该条款试图通过加强国家间合作,特别是通过加强分区域和区域渔业管理组织内的决策程序来预防争端。

六是"规定临时措施"提案。提案意在规定与《联合国海洋法公约》第 290 条和《鱼类种群协定》第 31 条相类似的临时措施。

———————————

① 《鱼类种群协定》第 28 条规定:"各国应合作预防争端。为此目的,各国应在分区域和区域渔业管理组织和安排内议定迅速而有效地作出决定程序,并应视需要加强现有的做出决定的程序。"

综上,各国一致同意在未来的《BBNJ 协定》内有必要将争端解决部分纳入其中,难点在于如何设计具体的争端解决程序和条款。至《BBNJ 协定》文本通过前,至少有六类关于争端解决的提案在筹委会和政府间谈判阶段得到了广泛讨论。

二、2023 年《BBNJ 协定》争端解决机制的主要内容

2023 年通过的《BBNJ 协定》包括 76 个条款和 2 个附件。[①] 这份最终协定的文本主要涉及五个方面:① 设立海洋遗传资源惠益分享制度;② 建立包括海洋保护区在内的划区管理工具综合系统;③ 规定缔约国为其相关活动开展环境影响评价的相关程序、门槛和所需考虑的有关因素;④ 设定能力建设和海洋技术转让方面开展合作的义务;⑤ 对跨领域问题作出机制安排,其中涉及该协定与《联合国海洋法公约》及相关全球性、区域性、次区域性和其他机构之间的关系,此外,还涉及筹资、争端解决等问题。[②]《BBNJ 协定》将争端解决单列为"第九部分",并在第 56—61 条进行了详细规定,其中部分吸收了上文提及的各类提案。

(一) 争端解决的原则

《BBNJ 协定》延续了《联合国宪章》和《联合国海洋法公约》中解决争端的基本宗旨,但在涉及"国家管辖范围以外区域"[③]海洋生物多样性养护可持续利用类型的争端方面也凸显了自身独特的几点原则。

第一,预防争端。《BBNJ 协定》第 56 条强调"缔约方应开展合作,以防止争端",这一条款吸收了政府间谈判"预防争端机制"提案的内容。该提案意在建立一个类似《鱼类种群协定》第 28 条的预防争端机制,强调合作。

---

① 参见《BBNJ 协定》(中文版),https://www.un.org/depts/los/XXI10CTC%28CH%29.pdf,最后访问日期:2024 年 6 月 1 日。

② 张海文:《全球海洋治理新进展及其影响:以 BBNJ 协定为例》,《中华环境》2023 年第 9 期,第 27 页。

③ 《BBNJ 协定》第 3 条。

第二,和平解决争端。《BBNJ 协定》第 57 条"用和平方法解决争端的义务"其实是《零案文草案》第 54 条在协定最终文本中的体现,谈判参与方对这一条款的争议不大。第 57 条规定:"缔约方有义务通过谈判、调查、调停、调解、仲裁、司法解决、诉诸区域机构或安排,或自行选择的其他和平法方法来解决关于本协定解释或适用的争端。"这与《联合国宪章》第 33 条第 1 款基本一致。

第三,选择争端解决方式的"不损害"原则。《BBNJ 协定》第 58 条规定,协定争端解决的规定"不损害"(not undermine)缔约方"在任何时候同意以自行选择的任何和平方法解决相互之间有关《BBNJ 协定》解释或适用的争端的权利"。在国际争端解决机构的实践中,"不损害"原则体现为争端解决条款应该避免争端当事国通过挑选依据不同条约设立的争端解决机构(forum shopping)来避免对己方不利的裁决,从而损害现有的争端解决机构或法律框架的情形。就协定下的争端解决机制而言,要避免"损害"现有机构或法律框架的可能性,就必须对相关事项进行明确和规定。① 《BBNJ 协定》第 58 条正是对争端解决"不损害"原则的确认和回应。

(二)争端解决程序

《BBNJ 协定》第 65 条第 5 款规定:在涉及该协定"解释或适用"的争端,非《联合国海洋法公约》缔约方,在"签署、批准、核准、接受或加入本协定,或其后任何时间",可以采用提交书名声明的方式选择以下一个以上的争端解决方法:① 国际海洋法法庭;② 国际法院;③ 附件七仲裁法庭;④(处理附件八规定的一类以上争端的)附件八特别仲裁庭。

对于(非《联合国海洋法公约》缔约方)在选择上诉四类争端解决方法时出现争议的,协定又进一步作出规定:

第一,争端方法的选择和"附件七仲裁法庭"。《BBNJ 协定》第 65 条规定,协定的缔约方未做出(选择性)声明的,视为接受附件七的仲裁程序。如

---

① 施余兵:《BBNJ 国际协定下的争端解决机制问题探析》,《太平洋学报》2020 年第 6 期,第 19 页。

果争端各方未接受同一程序以解决这项争端,除另有协议外,争端"仅可"提交附件七仲裁法庭,但是如果争端各方已经接受同一程序解决这项争端,则该争端仅可提交该程序。①

第二,争端方法的选择和《联合国海洋法公约》第298条的争端。缔约方可以通过书面声明的方式表明对《联合国海洋法公约》第298条所列明的一类以上争端(例如海域划界争端、涉及历史性海湾或历史性权利的争端等)不接受(包括附件七仲裁在内的)《联合国海洋法公约》第十五部分第二节的争端解决。②

第三,争端方法的选择与其他争端解决程序。《BBNJ协定》提及,第65条的规定"不妨害"作为相关法律文书或框架参与方或全球、区域、此区域或领域机构成员的缔约方,就这些文书和框架的解释或适用所同意的争端解决程序。③

第四,争端方法的选择与国家管辖内事项或主权类争端。《BBNJ协定》第65条特别提及国家管辖内事项或主权类的争端,其中,第65条第9款强调,本协定的任何规定不得解释为授予某一法院或法庭的两类管辖权:一是"对于必然涉及同时审议国家管辖以内区域法律地位的任何的管辖权";二是"关于本协定缔约方对大陆或岛屿陆地领土主权或其他权利或有关主张的任何争端的管辖权"。此外,第65条第10款补充强调:"为避免疑义,不得以本协定的任何规定为依据,提出或否认对陆地或海洋区域的任何主权、主权权利或管辖权主张,包括与此有关的任何争端"。

思 考 题

1. 南极条约体系规定了哪些和平解决南极争端的方法?

2. 国际文化遗产争端有哪些类型?

3.《国际统一私法协会公约》对文物相关争端的请求,规定哪些机构具有

---

① 《BBNJ协定》第65条第6款。
② 《BBNJ协定》第65条第7款。
③ 《BBNJ协定》第65条第8款。

管辖权?

4.《保护水下文化遗产公约》《BBNJ 协定》和《联合国海洋法公约》的争端解决程序之间有何异同?

第十二章　中国国际争端解决实践

 导读

在 2018 年中央外事工作会议的重要讲话中,习近平总书记首次提及"世界正处于百年未有之大变局"。[①] 中国的外交格局出现了一些重大转变,首先,是国家利益分布从集中在本土向本土和对外投资并重的方向转变,对外经贸合作从以贸易和引进外资为主向贸易和对外投资并重的方向转变。其次,综合国力从侧重硬实力向软实力并重的方向转变。再次,国家权益定位从以陆权为主向陆权和海权、空权、网权等战略新疆域并重的方向转变。[②] 与中国外交格局相适应的是中国国际争端解决实践的广度和深度得到拓展。本章聚焦四个领域:中国对国际争端解决的原则与立场、政治(或外交方法)解决争端、法律方法解决争端,以及国际新领域争端的中国实践。

第一节　中国对国际争端解决的原则与立场

我国对国际争端解决的原则和立场主要体现在党和国家领导人、外交部门等部门在国内外公开场合的讲话或政策性文件中,主要包括四个方面。

第一,以"和平共处五项原则"作为解决国际争端的指导原则。"和平共

---

① 《服务民族复兴、促进人类进步:习近平总书记在中央外事工作会议上的重要讲话引起热烈反响》,https://www.gov.cn/xinwen/2018-06/24/content_5300831.htm,最后访问日期 2024 年 6 月 1 日。

② 黄惠康:《中国特色大国外交与国际法》,法律出版社 2019 年版,第 53—54 页。

处五项原则"是 20 世纪 50 年代中期由中国与印度、缅甸共同倡导的关于国际关系的基本准则,其内容包括:互相尊重主权和领土完整、互不侵犯、互不干涉内政、平等互利、和平共处。2024 年,习近平总书记在"和平共处五项原则发表 70 周年纪念大会"的重要讲话中全面回顾了"和平共处五项原则"的缘起与发展,他指出,和平共处五项原则"为和平解决国家间历史遗留问题及国际争端开辟了崭新道路",同时强调,和平共处五项原则已成为普遍适用的国际关系基本准则和国际法基本原则,也将继续在国际法治、国家交往、国际合作、国际秩序等方面发挥重要作用。①

第二,谈判和协商是中国解决国际争端的主要和优先方法。在对外关系中,我国历来主张通过谈判和协商的方式解决区域争端或国家之间的争端,不仅取得了朝鲜停战谈判的成功,而且解决了重大的国籍、边界以及大量历史遗留的问题。② 2022 年 9 月 24 日,国务委员兼外交部部长王毅在纽约联合国总部出席第 77 届联合国大会一般性辩论中表示:作为负责任大国,中国将努力探索和践行"中国特色热点问题解决"之道,在坚持不干涉内政前提下,根据当事国意愿和需要,建设性参与热点问题解决。③ 2024 年 2 月,王毅在第 60 届慕尼黑安全会议"中国专场"的主旨讲话中进一步阐释了"中国特色热点问题解决"的内涵,即"坚持不干涉内政,反对强加于人;坚持客观公道,反对谋取私利;坚持政治解决,反对使用武力;坚持标本兼治,反对短视片面。"④

第三,对国际仲裁等第三方争端机制所涉争端类型持区别对待的立场。我国强调争端解决的"国家同意"原则,在对第三方争端解决机制持慎重态

---

① 参见《习近平在和平共处五项原则发表 70 周年纪念大会上的讲话》(全文),https://www.news.cn/politics/leaders/20240628/54e4c70a222d434fba989c0996fe8fee/c.html,最后访问日期:2024 年 7 月 1 日。

② 王虎华:《论我国和平解决国际争端的理论与实践》,《河南师范大学学报(哲学社会科学版)》2002 年第 4 期,第 29—31 页。

③ 王毅:《中国始终是热点问题的斡旋者》,https://www.mfa.gov.cn/web/wjbzhd/202209/t20220925_10771178.shtml,最后访问日期:2024 年 6 月 1 日。

④ 《坚定做动荡世界中的稳定力量:王毅在第 60 届慕尼黑安全会议中国专场上的主旨讲话》,https://www.mfa.gov.cn/wjbzhd/202402/t20240217_11246036.shtml,最后访问日期:2024 年 6 月 1 日。

度,对于政治、涉领土主权或海洋的争端既不接受国际司法,也不接受国际仲裁,但对于经贸、投资、商事等领域争端则主张仲裁是解决国际争端的重要补充。随着中国改革开放的深入,中国缔结的非政治类双边协定、参加的部分技术性国际公约,大多是通过仲裁解决争端的条款,同时也有越来越多的经济、贸易、海运等方面的争端通过提交国际仲裁得到解决。[①]自 2001 年加入WTO,WTO 解决机制成为中国就国家间争端毫无保留或例外接受的第一个第三方机制。[②]

第四,倡导多边主义、贡献国际调解领域的"中国方案"。2022 年以来,中国与印度尼西亚、巴基斯坦、老挝、柬埔寨、塞尔维亚、白俄罗斯、苏丹、阿尔及利亚等国签署了《关于建立国际调解院的联合声明》(简称《联合声明》),决定以条约为基础、由各方共同协商建立国际调解院这一常设性的多边政府间国际组织。国际调解院筹备办公室于 2023 年 2 月 16 日在中国香港特别行政区成立。[③]调解院的筹建坚持真正的多边主义,增强发展中国家的参与度,有助于提高包括中国在内的发展中国家的国际法律话语权,必将为和平解决争端贡献中国智慧。[④]

第二节　政治解决国际争端的中国实践

中华人民共和国成立以来一贯奉行和平外交政策,主张和平解决国际争端,以和平方式处理与其他国家的关系和历史遗留问题等现实问题。我国作为联合国安理会的常任理事国更是积极发挥作用,推动安理会采取行动,加强斡旋与调停,支持对话与协商,全力促进有关问题的政治解决。

---

①　王虎华:《国际公法学》,北京大学出版社 2015 年版,第 545—546 页。

②　刘衡:《中国关于国际海洋争端解决的政策与实践》,《国际法研究》2022 年第 6 期,第38 页。

③　国际调解院:《和平解决国际争端的中国方案》,https://www.icc.org.cn/trends/mediareports/1615.html,最后访问日期:2024 年 6 月 1 日。

④　黄瑶:《践行和平共处五项原则探索中国式国际争端解决之道》,《民主与法制》2024年第 26 期。

一、以谈判、协商或磋商解决国际争端的立场与实践

在对外关系中,我国历来主张以谈判和协商的方式解决区域争端或国家之间的争端。1953 年 8 月,我国政府在关于和平解决朝鲜问题的政治会议的声明中建议,为使政治会议能够和谐进行,以便在国际事务中为和平协商解决争端建立典范,政治会议应当采取圆桌会议的形式,即朝鲜停战双方在其他有关国家参加之下共同协商的形式,不采取朝鲜停战双方单独谈判的形式。我国的建议实际上创设了一种新的外交方法,使朝鲜的停战谈判取得了成功。1954 年 5 月 12 日,周恩来总理在日内瓦会议上声明,中华人民共和国认为亚洲国家应该以和平协商方法解决各国之间的争端,而不应使用武力或以武力相威胁。①

我国政府通过与有关国家直接谈判和协商的方法,解决了重大的国籍、陆地边界或海洋划界等问题。1954 年 4 月 29 日,我国通过谈判和协商与印度政府达成了《关于中国西藏地方和印度的交通和通商的协定》,解决了英国遗留下来的印度在中国西藏地方的特权问题以及印度与中国西藏地方的通商和交通问题。② 1955 年 4 月 22 日,中国和印度尼西亚通过谈判签订了《中华人民共和国和印度尼西亚共和国关于双重国籍问题的条约》,解决了同时具有中国国籍和印尼国籍人员的双重国籍问题。③ 1960 年 1 月 28 日,中国和缅甸通过外交谈判方式分别于 1960 年和 1991 年签订了《中华人民共和国和缅甸联邦政府关于两国边界问题的协定》和《关于修建中缅边界畹町—九谷和南帕河(清水河)界河桥及有关问题的议定书》,解决了中缅边界相关问题。④ 此外,中国还通过

① 王虎华:《国际公法学》,北京大学出版社 2015 年版,第 542 页。
② 《中华人民共和国和印度共和国关于中国西藏地方和印度之间的通商和交通协定》,1954 年 4 月 29 日在我国签署,1954 年 6 月 3 日生效。
③ 《中华人民共和国和印度尼西亚共和国关于双重国籍问题的条约》,1955 年 4 月 22 日在我国签署,1960 年 1 月 20 日生效。
④ 《中华人民共和国和缅甸联邦边界条约》,1960 年 10 月 1 日签订于北京,1961 年 1 月 4 日生效;《关于修建中缅边界畹町—九谷和南帕河(清水河)界河桥及有关问题的议定书》,1991 年 5 月 11 日签署并生效。

谈判和协商的方法分别与尼泊尔、巴基斯坦、蒙古国、阿富汗、老挝、哈萨克斯坦、俄罗斯、越南等全部或部分解决了陆地边界问题。在海洋边界问题上，2000 年 12 月 25 日，中国和越南通过谈判签订了《关于两国在北部湾领海、专属经济区和大陆架的划界协定》，标志着中国第一条海洋边界诞生。[①]

我国政府还通过与有关国家直接谈判和协商的方法解决了重大历史遗留问题。1984 年 12 月 19 日，我国与英国通过谈判签订了《中英关于香港问题的联合声明》；1987 年 4 月 13 日，我国与葡萄牙通过谈判签订了《中葡关于澳门问题的联合声明》，解决了历史遗留的领土问题，为和平解决国际争端特别是解决国际历史遗留问题提供了经验。[②]

此外，针对南海问题，我国坚持协商管控分歧，对话解决争议，愿与东盟达成"南海行为准则"，推进海上合作与共同开发，把南海建设成为和平之海、合作之海、友谊之海。[③]

二、斡旋和调停解决国际争端的实践

虽然我国作为斡旋者和调停者解决国际纠纷的实践不算太多，但是，20 世纪 90 年代，我国曾通过斡旋和调停的方法促成了一些争端的解决，尤其是在解决亚洲地区国际争端中起了重要作用。例如，日本与朝鲜之间有关嫁给朝鲜人的日本妇女回国省亲的问题就是在我国的调停下，于 1997 年 7 月—9 月在北京经多次会谈和协商后初步解决的。1997 年 5 月和 7 月，韩国与朝鲜关于韩国向朝鲜粮食援助的问题，我国也以调停者的身份在北京举行了多次会谈。[④]

调停曾作为一种我国政府解决中国与他国争端的方法。1962 年 10 月，

---

① 周健：《中越北部湾划界的国际法实践》，《边界与海洋研究》2019 年第 5 期，第 7 页。

② 王虎华：《论我国和平解决国际争端的理论与实践》，《河南师范大学学报（哲学社会科学版）》2002 年第 4 期，第 30 页。

③ 《坚定做动荡世界中的稳定力量：王毅在第 60 届慕尼黑安全会议中国专场上的主旨讲话》，https://www.mfa.gov.cn/web/wjbzhd/202402/t20240217_11246036.shtml，最后访问日期：2024 年 6 月 1 日。

④ 慕亚平、周建海、吴慧：《当代国际法》，法律出版社 1998 年版，第 271 页。

我国与印度发生边界争端后,亚非六个国家在科伦坡会议上提出了关于调停中印边界争端的"科伦坡建议"。我国政府接到建议后,由周恩来总理给锡兰总理复信,表示原则上同意接受六国的建议,作为中印谈判的基础,但由于印度无理要求我国无保留地接受六国偏袒印度的建议,致使科伦坡的六国调停没有成功。此外,我国还积极参与由联合国安理会常任理事国和其他国家参加的集体调停活动,例如 1992 年 10 月,柬埔寨问题的巴黎会议召开与柬埔寨和平条约的签订,解决了长达 13 年之久的柬埔寨问题。①

三、国际热点问题争端解决的中国角色

近年来,在中方积极斡旋下,沙特阿拉伯和伊朗实现了历史性和解,中东地区掀起"和解潮",成为我国领导人所倡导的全球安全倡议的生动实践。中方作为轮值安理会主席积极发挥作用,推动安理会采取行动,加强斡旋与调停,支持对话与协商,全力推动有关问题的政治解决。例如,2021 年 5 月,巴以局势骤然紧张并爆发冲突。中国作为轮值主席,与挪威、突尼斯等成员密切协调,推动安理会在 10 天内 4 次开会紧急审议巴以局势;在冲突最激烈的关键时刻,中国国务委员兼外交部部长王毅主持安理会紧急公开会,强调立即停火止暴、开展人道援助、加大国际支持、推进"两国方案";巴以停火后,在中方全力推动和各方共同努力下,安理会发表 2014 年以来安理会关于巴以问题的第一份主席新闻谈话,呼吁有关各方全面遵守停火协定。②

第三节　法律方法解决国际争端的中国实践

法律方法是用仲裁、国际司法的手段解决国家之间的争端。解决国际争

---

① 王铁崖:《国际法》,法律出版社 1995 年版,第 611 页。
② 《践行真正多边主义,发挥中国独特作用:常驻联合国代表张军大使向媒体介绍中国担任安理会 5 月轮值主席工作》,https://www.mfa.gov.cn/web//dszlsjt_673036/ds_673038/202106/t20210601_9174060.shtml,最后访问日期:2024 年 6 月 1 日。

端的法律方法,即仲裁裁决和司法判决是解决争端的最后方法,争端当事国一般不再诉诸其他任何争端解决方法;①国际司法机构的建立及其作用的加强更是 20 世纪以来国际法的标志性发展,其中,中国对"准司法机构"——WTO 争端解决的积极立场和实践与对国际司法机构的谨慎立场尤其令人关注。

一、国际仲裁

实践中,对于以仲裁的方法解决国际争端,我国持比较谨慎的态度。自中华人民共和国成立以来,我国对与邻国的领土或海洋类争端坚持谈判与协商、不接受仲裁的立场。1962 年,我国与印度边界争端发生以后,印度曾提议通过两国同意的方式,提名一名或多名仲裁员进行国际仲裁,以作出对两国都具有约束力的裁判,我国拒绝了印度的主张。②

关于我国与其他国家有关国际经济贸易等商事方面的争端,从 20 世纪 80 年代后期,我国对于以仲裁方式解决国际争端的政策有所调整。在我国与外国签订的贸易、商业、经济、科学技术、文化等非政治性的政府间或国家间的协定中,开始载入仲裁条款或在争端条款中包括仲裁的方法。在我国签署、批准或加入国际公约时,也开始对一些规定有仲裁解决争端的条款不再保留,而仅限于有关经济、贸易、科技、交通运输、航空、航海、环境、卫生、文化等专业性和技术性的国际公约。实践中,越来越多的经济、贸易、海运等方面的争端通过国际仲裁得到解决。③

2014 年 1 月,菲律宾单方就中菲之间的南海争端提起仲裁案(简称"南海仲裁案")。2014 年 12 月 7 日,我国外交部发布《关于菲律宾共和国所提南海仲裁案管辖权问题的立场文件》,声明了我国不接受、不参与仲裁的立场。该文件强调:菲律宾提请仲裁事项的实质是南海部分岛礁的领土主权问题,超出《联合国海洋法公约》的调整范围,不涉及该公约的解释或适用;以谈判方式解决有关争端是中菲两国通过双边文件和《南海各方行为宣言》所达成

---

① 朱文奇:《国际法与国际争端解决》,中国人民大学出版社 2023 年版,第 257 页。
② 王虎华:《国际公法学》,北京大学出版社 2015 年版,第 545 页。
③ 王虎华:《国际公法学》,北京大学出版社 2015 年版,第 545—546 页。

的协议,菲律宾单方面将中菲有关争端提交强制仲裁违反国际法;即使菲律宾提出的仲裁事项涉及有关《联合国海洋法公约》解释或适用的问题,也构成中菲两国海域划界不可分割的组成部分,而中国已于 2006 年作出声明,将涉及海域划界等事项的争端排除适用仲裁等强制争端解决程序。因此,仲裁庭对菲律宾提起的仲裁明显没有管辖权。[①] 2016 年 7 月,我国政府公布的《中国坚持通过谈判解决中国与菲律宾在南海的有关争议(白皮书)》指出,菲律宾单方提起仲裁违反了包括《联合国海洋法公约》争端解决机制在内的国际法。中国在南海的领土主权和海洋权益在任何情况下不受仲裁裁决的影响。中国不接受、不承认该裁决,反对且不接受任何以仲裁裁决为基础的主张和行动。[②] 2018 年,由中国国际法学会撰写的《南海仲裁案裁决之批判》指出,"南海仲裁案"仲裁庭越权裁判,其裁决缺乏事实和法律依据,中国政府关于裁决非法无效的立场有充分理据。[③]

二、我国在 WTO 争端解决机构的实践

1986 年,我国驻日内瓦代表团大使钱嘉东向关税与贸易总协定总干事阿瑟·邓克尔提交了关于恢复中国 GATT 缔约国地位的申请,开启了复关谈判的历史进程。1995 年,世界贸易组织成立,复关谈判正式转为入世谈判。经过多年的社会主义市场经济体制建设和入世谈判,中国于 2001 年 12 月 11 日正式加入 WTO,成为第 143 名成员国。我国在世贸组织的贸易争端解决机制、贸易政策审议机制、多边贸易谈判机制等领域,很快实现了从学习适应到合格履职的角色转变,在维护国际公平贸易秩序和利用规则捍卫自身合法权益等方面得到了国际社会的广泛认可。[④]

---

① 《中华人民共和国关于菲律宾共和国所提南海仲裁案管辖权问题的立场文件》(2014 年 12 月 7 日),中国国际法学会:《南海仲裁案裁决之批判》,外文出版社 2018 年版,第 397—416 页。

② 中华人民共和国国务院新闻办公室:《中国坚持通过谈判解决中国与菲律宾在南海的有关争议(白皮书)》,中国国际法学会:《南海仲裁案裁决之批判》,外文出版社 2018 年版,第 443 页。

③ 中国国际法学会:《南海仲裁案裁决之批判》,外文出版社 2018 年版,第 3 页。

④ 范黎波、钱弥纶:《我国加入世界贸易组织的历程、成就与展望》,《光明日报》2021 年 11 月 9 日,第 16 版。

自入世以来,中国作为申诉方、被申诉方和第三方参与的 WTO 贸易争端解决案件从广度到深度都大大拓展。在此期间,中国对 WTO 其他成员在经贸领域的做法存有异议时,开始选择到 WTO 争端解决机构利用多边规则解决争端。[①]2001 年 12 月—2024 年 6 月,WTO 争端解决机构受理的涉华案件分类统计如下:中国作为申诉方的有 25 起;作为被申诉方的有 49 起;作为第三方参与的有 197 起(见表 12-1)。

表 12-1 WTO 争端解决机构受理的涉华案件

中国作为申诉方(25 起)	中国作为被申诉方(49 起)	中国作为第三方(197 起)
DS252,DS368,DS379,DS392	DS309,DS339,DS340,DS342,DS358	DS108,DS174,DS207
DS397,DS399,DS405,DS422	DS359,DS362,DS363,DS372,DS373	DS212,DS243,DS245
DS437,DS449,DS452,DS471	DS378,DS387,DS388,DS390,DS394	DS248,DS249,DS251
DS492,DS515,DS516,DS543	DS395,DS398,DS407,DS413,DS414	DS253,DS254,DS257
DS544,DS562,DS563,DS565	DS419,DS425,DS427,DS431,DS432	DS258,DS264,DS265
DS587,DS603,DS615,DS623	DS433,DS440,DS450,DS451,DS454	DS266,DS267,DS268
DS626	DS460,DS483,DS489,DS501,DS508	DS269,DS270,DS273
	DS509,DS511,DS517,DS519,DS542	DS276,DS277,DS280
	DS549,DS558,DS568,DS589,DS598	DS281,DS282,DS283
	DS601,DS602,DS610,DS611	DS285,DS286,DS287
		DS290,DS291,DS292
		DS293,DS294,DS295
		DS296,DS299,DS301
		DS302,DS308,DS312
		DS315,DS316,DS317
		DS320,DS321,DS322
		DS323,DS327,DS331
		DS332,DS334,DS335
		DS336,DS337,DS341
		DS343,DS344,DS345
		DS347,DS350,DS353
		DS366,DS369,DS371
		DS375,DS376,DS377
		DS381,DS384,DS386
		DS389,DS391,DS396
		DS400,DS401,DS402

① 《积极践行理念,有效维护运行:专家谈中国在 WTO 争端解决机制中的重要作用》,https://www.gov.cn/xinwen/2018-08/10/content_5313077.htm,最后访问日期:2024 年 6 月 1 日。

续　表

中国作为申诉方（25 起）	中国作为被申诉方（49 起）	中国作为第三方（197 起）
		DS403，DS404，DS412 DS415，DS416，DS417 DS418，DS420，DS421 DS423，DS426，DS429 DS430，DS434，DS435 DS436，DS438，DS441 DS444，DS445，DS447 DS453，DS455，DS456 DS457，DS458，DS461 DS462，DS464，DS467 DS469，DS472，DS473 DS474，DS475，DS476 DS477，DS478，DS479 DS480，DS482，DS484 DS485，DS486，DS487 DS488，DS490，DS491 DS493，DS494，DS495 DS496，DS497，DS499 DS502，DS504，DS505 DS510，DS512，DS513 DS518，DS521，DS522 DS523，DS524，DS526 DS529，DS531，DS533 DS534，DS536，DS537 DS538，DS539，DS541 DS545，DS546，DS547 DS548，DS550，DS551 DS552，DS553，DS554 DS556，DS557，DS559 DS560，DS561，DS564 DS566，DS567，DS573 DS576，DS577，DS578 DS579，DS580，DS581 DS582，DS583，DS584 DS585，DS588，DS590 DS591，DS592，DS593 DS595，DS597，DS599 DS600，DS604，DS605 DS613，DS616，DS617 DS618，DS624

数据来源：作者根据 WTO 网站相关数据整理。

三、我国对国际司法机构的立场和相关实践

（一）我国对国际法院的立场

中国一直积极评价国际法院在和平解决国际争端以及促进国际法治方面所起到的重要作用,但由于受到谨慎参加诉讼、提倡谈判协商的传统文化意识的影响,中国对于国际法院管辖权持保留态度。中华人民共和国成立之初,由于国民党政府继续占据中国在联合国的合法地位,我国与国际法院没有任何联系。1971 年,我国恢复在联合国的合法席位后,即于1972 年致函联合国秘书长,宣布对国民党政府 1946 年 10 月 26 日接受国际法院强制管辖权的声明不予承认。① 同时期,我国也从未与其他任何国家订立过将争端提交国际法院的特别协议,对我国签署、批准或加入的国际公约中带有提交国际法院解决争端的争端解决条款几乎毫无例外地做出了保留。

20 世纪 80 年代,我国对由国际法院解决国际争端的态度开始发生变化。1984 年,我国法学家倪征燠当选为国际法院法官;1993 年,我国法学家史久镛当选为国际法院法官和国际法院副院长;2010 年,资深外交官薛捍勤当选为国际法院法官,并成为该司法机构中我国首位中国籍女性法官。同时,在我国签署、批准或加入的国际公约中,除了对一些涉及我国重大国家利益的国际争端仍然坚持通过谈判和协商解决之外,对有关经济、贸易、科技、航空、环境、交通运输、文化等专业性和技术性的公约所规定的由国际法院解决争端的条款一般不作保留,改变了过去对提交国际法院解决国际争端的条款一概保留的做法。② 迄今为止,我国尚未以起诉方或被诉方的身份由国际法院处理任何国际争端。

---

① 段洁龙:《中国国际法实践与案例》,法律出版社 2011 年版,第 368—369 页。
② 王虎华:《论我国和平解决国际争端的理论与实践》,《河南师范大学学报(哲学社会科学版)》2002 年第 4 期,第 31 页。

（二）中国参与国际司法机构咨询管辖的实践

作为联合国会员国，中国参与国际司法机构咨询管辖的实践较为丰富。1949年，中国曾数次应国际法院的要求以书名的形式就法院受理的咨询案件发表意见；[①]进入21世纪，中国政府已在国际法院和国际海洋法法庭的多起咨询案的口头程序中派代表发表意见。

1. 中国参与国际法院咨询意见案

2009年，中国应国际法院的要求，就"科索沃临时自治机构单方面宣布独立是否符合国际法咨询意见案"（简称"科索沃咨询案"）向法院提交书面意见，并于当年12月出庭，派员参加法院的口头程序，陈述中国政府的相关原则立场。这是中华人民共和国成立后，中国首次参与国际法院的咨询程序。[②] 中方主要阐述了对处理科索沃问题的联合国安理会第1244号决议的理解，重申了对尊重国家主权及领土完整、民族自决等国际法基本原则的立场，这既是中华人民共和国成立以来首次参与国际法院的司法程序，也是联合国安理会五个常任理事国第一次共同参与国际法院的司法活动，具有历史意义。[③]

2024年2月22日，中国政府代表在国际法院"巴勒斯坦被占领土问题咨询意见案"口头程序中进行陈述，依据中国关于巴勒斯坦问题的政策立场，阐述中国关于法院咨询管辖权、民族自决权、使用武力法和国际人道法等法律问题的观点和主张。这是中国继2009年参与国际法院"科索沃咨询案"口头程序之后，第二次参与国际法院咨询意见案口头程序。[④]

2. 中国参与国际海洋法法庭咨询意见案

2022年12月12日，小岛屿国家气候变化与国际法委员会[⑤]（简称委员

---

① 段洁龙：《中国国际法实践与案例》，法律出版社2011年版，第369页。

② 段洁龙：《中国国际法实践与案例》，法律出版社2011年版，第369页。

③ 《我国在海牙国际法院就科索沃独立问题作口头陈述》，https://www.gov.cn/gzdt/2009-12/15/content_1487875.htm，最后访问日期：2024年6月1日。

④ 《中国参与国际法院巴勒斯坦被占领土问题咨询意见案口头程序》，https://www.mfa.gov.cn/web/wjdt_674879/sjxw_674887/202402/t20240223_11248849.shtml，最后访问日期：2024年6月1日。

⑤ 委员会的成员包括安提瓜和巴布达、图瓦卢、帕劳、纽埃、瓦努阿图、圣卢西亚、圣文森特和格林纳丁斯、圣基茨和尼维斯、巴哈马9个小岛屿国家。

会)请求国际海洋法法庭发表咨询意见。委员会请求法庭就《联合国海洋法公约》缔约国在应对气候变化对海洋环境影响所承担的义务发表咨询意见。2023 年 6 月,中国应法庭邀请提交书面意见。2023 年 9 月 11 日—9 月 25 日,法庭举行口头程序,听取中国、欧盟、英国、印度等 33 个《联合国海洋法公约》缔约国和 3 个国际组织的口头陈述。中国此次参与国际海洋法法庭咨询意见案采取了"两步走"方法:一是于 2023 年 6 月 15 日提交书面意见,表明法庭没有咨询管辖权的立场,同时正面阐述我国应对气候变化的政策、立场、主张和举措;二是于 2023 年 9 月 15 日派代表出庭作口头陈述,这既是我国首次参与国际海洋法法庭口头程序,也是我国继 2009 年在国际法院参与"科索沃咨询案"口头程序后又一开创性的国际司法实践。我国政府代表的口头陈述主要包括三部分:一是重申我国在书面意见中的一贯立场,反对法庭全庭咨询管辖权,并适度回应有关国家在书面意见中提出的有关支持管辖权的新论据。二是实体问题部分,首先将人为温室气体排放对海洋环境的有害影响定性为主要是气候变化法问题,同时还涉及国际海洋法问题。三是中国的实践,重点阐述了中国作为负责任发展中大国为全球气候治理所作出的重要贡献。①

思　考　题

1. 我国政府对于国际争端的解决秉持哪些基本立场?

2. 我国过去曾用政治方法解决过哪些代表性的争端?

3. 我国对司法解决国际争端持何种立场?

---

① 《中国首次参与国际海洋法法庭口头程序:访外交部条约法律司司长马新民》,《法治日报》2023 年 10 月 6 日,第 6 版。

参考文献
REFERENCES

一、中文文献

(一) 著作

曹建明、贺小勇：《世界贸易组织》，法律出版社 2004 年版。

曹建明、周洪钧、王虎华：《国际公法学》，法律出版社 1998 年版。

陈力：《中国南极权益维护的法律保障》，上海人民出版社 2018 年版。

段洁龙：《中国国际法实践与案例》，法律出版社 2011 年版。

高健军：《联合国海洋法公约争端解决机制研究》，中国政法大学出版社 2014 年版。

黄惠康：《中国特色大国外交与国际法》，法律出版社 2019 年版。

贾兵兵：《国际公法：和平时期的解释与适用》，清华大学出版社 2015 年版。

屈广清、曲波：《海洋法》，中国人民大学出版社 2017 年版。

施觉怀：《国际法院》，苏州大学出版社 1993 年版。

慕亚平、周建海、吴慧：《当代国际法》，法律出版社 1998 年版。

王虎华：《国际公法学》，北京大学出版社 2015 年版。

王铁崖：《国际法》，法律出版社 1981 年版。

许军可、王佳：《国际争端解决》，中国政法大学出版社 2023 年版。

杨泽伟：《国际法》，高等教育出版社 2011 年版。

梁西：《梁著国际组织法》，杨泽伟修订，武汉大学出版社 2011 年版。

叶兴平：《和平解决国际争端》，法律出版社 2008 年版。

余敏友：《世界贸易争端解决机制法律与实践》，武汉大学出版社 1998年版。

朱揽叶：《世界贸易组织国际贸易纠纷案例评析》，法律出版社 2000年版。

张乃根：《国际法原理》，中国政法大学出版社 2002 年版。

王缉思：《中国国际战略评论 2019》（下），世界知识出版社 2019 年版。

中国国际法学会：《南海仲裁案裁决之批判》，外文出版社 2018 年版。

中华人民共和国外交部条法司：《中国国际法实践案例选编》，世界知识出版社 2018 年版。

周鲠生：《国际法》（下册），武汉大学出版社 2007 年版。

周忠海：《国际法》，中国政法大学出版社 2008 年版。

朱文奇：《国际法与国际争端解决》，中国人民大学出版社 2023 年版。

［荷］弗兰斯·冯·德·邓克、法比欧·特雷切蒂：《空间法专论》（上册），张超汉等译，知识产权出版社 2020 年版。

［瑞士］亚历山大德罗·切奇：《国际文化遗产争端解决》，程乐等译，中国民主法制出版社 2021 年版。

［英］J.G. 梅里尔斯：《国际争端解决法》，韩秀丽等译，法律出版社 2013年版。

（二）期刊

陈滨生：《我国与海洋法公约的争端和解机制》，《当代法学》2002 年第10 期。

方向勤：《预防性外交：基于概念的比较分析》，《国际政治研究》2007 年第 3 期。

冯冬冬：《〈新加坡调解公约〉背景下中国国际商事调解协议执行机制的完善》，《国际法研究》2023 年第 2 期。

郭红岩：《论南极条约体系关于南极争端的解决机制》，《中国海洋大学学报（社会科学版）》2018 年第 3 期。

胡德坤、唐静瑶：《南极领土与南极条约的缔结》，《武汉大学学报（人文科学版）》2010 年第 1 期。

黄瑶：《践行和平共处五项原则探索中国式国际争端解决之道》,《民主与法制》2024 年第 26 期。

江河、郑实：《南海争端和平解决的路径冲突及其化解：以国家主权的双重属性为框架》,《政法论丛》2017 年第 5 期。

金永明：《国际海洋法法庭的组成和程序》,《当代法学》2002 年第 10 期。

雷益丹、刘亚铃：《外空争端解决中的国际仲裁》,《法学前沿》2023 年第 1 卷。

李滨、赵海峰：《外层空间活动争端的解决机制》,《北京航空航天大学学报(社会科学版)》2006 年第 3 期。

林兆然：《〈BBNJ 协定〉争端解决机制评析：自愿、强制抑或另一视角》,《武大国际法评论》2023 年第 5 期。

刘丹、夏霁：《从国际法院 2010 年"南极捕鲸案"看规制捕鲸的国际法》,《武大国际法评论》2012 年第 1 期。

刘丹：《论〈联合国海洋法公约〉第 298 条"任择性例外"》,《国际法研究》2016 年第 6 期。

刘衡：《中国关于国际海洋争端解决的政策与实践》,《国际法研究》2022 年第 6 期。

刘惠惠：《联合国海洋法公约附件七强制管辖权的扩张：路径、成因与应对》,《上海法学研究》2023 年第 3 卷。

齐飞：《论国际争端解决机构的造法：以欧盟法院为例》,《河南财经政法大学学报》2013 年第 2 期。

施余兵：《BBNJ 国际协定下的争端解决机制问题探析》,《太平洋学报》2020 年第 6 期。

王虎华：《论我国和平解决国际争端的理论与实践》,《河南师范大学学报(哲学社会科学版)》2002 年第 4 期。

吴慧：《论国际海洋法法庭在国际社会中出现的必然性》,《国际关系学院学报》1997 年第 2 期。

冶利亚：《WTO〈多方临时上诉仲裁安排〉的适用问题探究》,《上海法学研究》2021 年第 11 卷。

叶强：《〈新加坡调解公约〉用调解精神维护多边主义》，《世界知识》2019年第 18 期。

张乃根：《论 WTO 争端解决机制的几个主要国际法问题》，《法学评论》2001 年第 5 期。

张海文：《全球海洋治理新进展及其影响：以 BBNJ 协定为例》，《中华环境》2023 年第 9 期。

赵海峰、刘李明：《国际海洋法法庭：发展中的专业化国际司法机构》，《人民司法》2005 年第 5 期。

周健：《中越北部湾划界的国际法实践》，《边界与海洋研究》2019 年第 5 期。

《从国际法视角看当前国际形势》，《法治日报》2022 年 6 月 27 日，第 5 版。

《中国首次参与国际海洋法法庭口头程序：访外交部条约法律司司长马新民》，《法治日报》2023 年 10 月 6 日，第 6 版。

范黎波、钱弥纶：《我国加入世界贸易组织的历程、成就与展望》，《光明日报》2021 年 11 月 9 日，第 16 版。

《欧盟法院 2023 年工作概况与典型案例》，《人民法院报》2024 年 7 月 12 日。

《日本加入 WTO 多方临时上诉仲裁安排》，《中国贸易报》2023 年 3 月 29 日。

（三）法律、法规

1907 年《和平解决国际争端公约》

1919 年《国际联盟盟约》

1948 年《美洲和平解决国际争端条约》

1954 年《保护文化财产公约》

《中华人民共和国和印度共和国关于中国西藏地方和印度之间的通商和交通协定》

《中华人民共和国和印度尼西亚共和国关于双重国籍问题的条约》

《中华人民共和国和缅甸联邦边界条约》

1972 年《保护世界文化和自然遗产公约》

1974 年《防止陆源物质污染海洋的巴黎公约》

《关于修建中缅边界畹町—九谷和南帕河(清水河)界河桥及有关问题的议定书》

《中国坚持通过谈判解决中国与菲律宾在南海的有关争议(白皮书)》

《中华人民共和国关于菲律宾共和国所提南海仲裁案管辖权问题的立场文件》

(四) 网络文献

《关于各国在月球和其他天体上活动的协定》,https://www.un.org/zh/documents/treaty/A-RES-34-68,最后访问日期：2024 年 6 月 1 日。

《习近平在和平共处五项原则发表 70 周年纪念大会上的讲话(全文)》,https://www. news. cn/politics/leaders/20240628/54e4c70a222d434fba989c0996fe8fee/c.html,最后访问日期：2024 年 6 月 28 日。

国际调解院：《和平解决国际争端的中国方案》,https://www.icc.org.cn/trends/mediareports/1615.html,最后访问日期：2024 年 6 月 1 日。

《基于〈争端解决谅解〉第 25 条的多方临时上诉仲裁安排》,images.mofcom.gov.cn/www/202004/20200430201543358.pdf,最后访问日期：2024 年 6 月 1 日。

《BBNJ 协定(中文版)》,https://www.un.org/depts/los/XXI10CTC%28CH%29.pdf,最后访问日期：2024 年 6 月 1 日。

《保护世界文化和自然遗产公约》,https://www.un.org/zh/documents/treaty/whc,最后访问日期：2024 年 6 月 1 日。

《国际法院规约》,https://www. un. org/zh/about-us/un-charter/statute-of-the-international-court-of-justice,最后访问日期：2024 年 6 月 1 日。

《和平解决国际争端的海牙公约》,http://verdragenbank. overheid. nl/en/Verdrag/Details/002330.html?expand-table＝partijtabel,最后访问日期：2023 年 8 月 17 日。

《联合国海洋法公约》,http://www. un. org/zh/documents/treaty/

UNCLOS-1982,最后访问日期：2023 年 8 月 17 日。

《联合国宪章（全文）》,http：//org/zh/about-us/un-charter/full-text,最后访问日期：2023 年 8 月 17 日。

《关于环境保护的南极条约议定书》,https：//treaty. mfa. gov. cn/tykfiles/20180718/1531876064307.pdf,最后访问日期：2024 年 6 月 1 日。

《南极海洋生物资源养护公约》,https：//treaty. mfa. gov. cn/tykfiles/20180718/1531876075707.pdf,最后访问日期：2024 年 6 月 1 日。

《南极条约》, https：//www. un. org/zh/documents/treaty/UNODA-1959,最后访问日期：2024 年 6 月 1 日。

《关于发生武装冲突时保护文化财产的公约和议定书》,treaty.mfa.gov. cn/tykfiles/20180718/1531876071649.pdf,最后访问日期：2024 年 6 月 1 日。

《1958 年〈捕鱼及养护公海生物资源公约〉中文文本》,https：//treaties. un.org/Pages/showDetails. aspx? objid＝0800000280033dff,最后访问日期：2022 年 8 月 17 日。

《1958 年〈强制解决争端任择议定书〉中文文本》,http：//treaties. un. org/Pages/showDetails. aspx? objid ＝ 0800002800332b0,最后访问日期：2022 年 8 月 17 日。

《关于禁止和防止非法进出口文化财产和非法转让其所有权的方法的公约》,treaty.mfa.gov.cn/Treaty/web/detail1.jsp?objid＝1531876060955,最后访问日期：2024 年 6 月 1 日。

《国际统一私法协会关于被盗或者非法出口文物的公约》,treaty.mfa. gov.cn/Treaty/web/detail1.jsp?objid＝1531876070902,最后访问日期：2024 年 6 月 1 日。

《2003 年〈保护非物质文化遗产公约〉基本文件（中文本）》,https：//unesdoc. unesco. org/ark：/48223/pf0000230504_chi,最后访问日期：2024 年 6 月 1 日。

《帮助文化财产回归原有国：解读联合国教科文组织〈1970 年公约〉》,https：//news.un.org/zh/story/2020/12/1073992,最后访问日期：2024 年 6 月 1 日。

《5新项目被列入水下文化遗产保护最佳实践》,https://www.unesco.org/zh/articles/5xinxiangmubeilierushuixiawenhuayichanbaohuzuijiashijian,最后访问日期：2023年6月1日。

《联合国教科文组织保护水下文化遗产资料包》,https://unesdoc.unesco.org/ark:/48223/pf0000143085_chi,最后访问日期：2024年6月1日。

《澳大利亚大陆架划界案执行摘要（中文版）》,https://www.un.org/Depts/los/clcs_new/submissions_files/aus04/Documents/aus_2004_c.pdf,最后访问日期：2024年6月1日。

《国际法院关于联合国主要司法机关的问答》,https://www.icj-cij.org/sites/default/files/questions-and-answers-about-the-court/questions-and-answers-about-the-court-ch.pdf,最后访问日期：2024年6月1日。

《WTO争端解决机制的基本程序》,chinawto.mofcom.gov.cn/article/dh/cyjieshao/201508/20150801085176.shtml,最后访问日期：2024年6月1日。

《积极践行理念,有效维护运行：专家谈中国在WTO争端解决机制中的重要作用》,https://www.gov.cn/xinwen/2018-08/10/content_5313077.htm,最后访问日期：2024年6月1日。

《坚定做动荡世界中的稳定力量：王毅在第60届慕尼黑安全会议中国专场上的主旨讲话》,https://www.mfa.gov.cn/wjbzhd/202402/t20240217_11246036.shtml,最后访问日期：2024年6月1日。

《践行真正多边主义,发挥中国独特作用：常驻联合国代表张军大使向媒体介绍中国担任安理会5月轮值主席工作》,https://www.mfa.gov.cn/web//dszlsjt_673036/ds_673038/202106/t20210601_9174060.shtml,最后访问日期：2024年6月1日。

王毅：《中国始终是热点问题的斡旋者》,https://www.mfa.gov.cn/web/wjbzhd/202209/t20220925_10771178.shtml,最后访问日期：2024年6月1日。

《中国参与国际法院巴勒斯坦被占领土问题咨询意见案口头程序》,

https：//www. mfa. gov. cn/web/wjdt ＿ 674879/sjxw ＿ 674887/202402/
t20240223_11248849.shtml,最后访问日期：2024 年 6 月 1 日。

《服务民族复兴、促进人类进步：习近平总书记在中央外事工作会议上
的重要讲话引起热烈反响》,https：//www. gov. cn/xinwen/2018-06/24/
content_5300831.htm,最后访问日期2024 年 6 月 1 日。

《国家文物局正式发布外国被盗文物数据库》,https：//www. gov. cn/
xinwen/2018-04/20/content＿5284618. htm,最后访问日期：2024 年 6 月
1 日。

《我国在海牙国际法院就科索沃独立问题作口头陈述》,https://www.
gov.cn/gzdt/2009-12/15/content_1487875.htm,最后访问日期：2024 年 6 月
1 日。

二、外文文献

(一) 外文著作

A. O. Adede. *The System for Settlement of Dispute under the United
Nations Convention on the Law of the Sea*. Martinus Nijhoff Publishers,
1987.

A. F. Vrdojak. *International Law, Museums and the Return of
Cultural Objects*. Cambridge：Cambridge University Press, 2006.

Arthur Eyffinger. *The International Court of Justice*. The Hague：
Kluwer Law International, 1996.

C. Forrest. *International Law and the Protection of Cultural
Heritage*. London (New York)：Routledge, 2010.

D. P. Forsythe. Humanitarian mediation by the International
Committee of the Red Cross, in Touval and Zartman eds. *International
Mediation in Theory and Practice*. Boulder：Westview Press, 1985.

Donald R. Rothwell & Tim Stephens. *The International Law of the
Sea*. Oregon：Hart Publishing, 2010.

E. Boesten. *Archaeological and（or）Historic Valuable Shipwrecks in*

International Waters. The Hague：T. M. C. Asser Press，2002.

F. S. Northedge and M. D. Donelan. *International Disputes: The Political Aspects*. St. Martins Press，1971.

Touval and Zartman eds. *International Mediation in Theory and Practice*. Boulder：Westview Press，1985.

García-Revillo and Miguel García. *The Contentious and Advisory Jurisdiction of the International Tribunal for the Law of the Sea*. Leiden：Brill，2015.

I. A. Shearer. *Stark's International Law*. London & Boston：Butterworths，1994.

I. A. Stamatoudi. *Cultural Property Law and the Restitution of Cultural Property: A Commentary to International Conventions and European Union Law*. Northampton：Edward Elgar Publishing，2011.

Malcolm N. Shaw. *International Law*. New York：Cambridge University Press，2002.

Natalie Klein. *Dispute Settlement in the UN Convention on the Law of the Sea*. Cambridge University Press，2009.

O'Keefe，Patrick J. *Commentary on the 1970 Convention on Illicit Traffic*. Leicester：Institute of Art and Law，2000.

John. H. Jackson. *The WTO and Changing Fundamentals of International Law*. Cambridge University Press，2006.

Vaughan Lowe and Malgosia Fitzmaurice eds. *Fifty Years of the International Court of Justice*. Cambridge University Press，1996.

Yoshifumi Tanaka. *The Peaceful Settlement of International Dispute*. Cambridge University Press，2018.

（二）外文期刊

A. O. Adede. Settlement of Disputes Arising under the Law of the Sea Convention. *American Journal of International Law*. Vol.69，1975.

B. R. Campbell. The Canada-United States antitrust notification and consultation procedure. *Can. Bar Rev*，1978.

C. B. Bourne. Procedure in the Development of International Drainage Basins: the Duty to Consult and Negotiate. *Can. Yearbook Int. L.*，Vol.10，1972.

Francesco Francioni. Thirty Year On: In the World Heritage Convention Ready for the 21st Century? *Italian Yearbook of International Law*，Vol.12，2002.

G. J. Naldi. Peace-Keeping Attempts by the Organization of African Unity. *ICLQ*，Vol.34，1985.

L. J. Borodkin. The Economics of Antiquities Looting and a Proposed Legal Alternative. *Columbia Law Review*，Vol.95，1995.

Peter Schneider，Dogger Bank Incident. *Encyclopedia of Dispute Installment*，Vol.10，1987.

T. Loulanski. Revisiting the Concept for Cultural Heritage: The Argument for a Functional Approach. *International Journal of Cultural Property*，Vol.13，2006.

（三）法律、法规及案例

Treaty on the Functioning of the European Union.

Optional Rules for Arbitration of Disputes Relating to Outer Space Activities.

Convention on Fishing and Conservation of the Living Resources of the High Seas.

Optional Protocol of Signature concerning the Compulsory Settlement of Disputes.

Final Report of the United Nations Commission of Experts established pursuant to security council resolution 780 (1992)，Annex XI，Destruction of cultural property report，S/1994/674/Add. 2 （Vol. V），28 December 1994.

Interpretation of Peace Treaties. Advisory Opinion: I. C. J. Reports

1950.

Mavrommatis Palestine Concessions Case. P. C. I. J. Series A, No.2, 1942.

The Institute of International Law, Regulations on the Procedure of International Conciliation.

Agreement to Arbitrate the Boundary Dispute concerning the Taha Beachfront, Egypt-Israel (1986), Text in (1987) 26 ILM.

Optional Protocol of Signature concerning the Compulsory Settlement of Disputes.

Exchange of Note of 15 November, 1961, UKTS No.118, 1961 Cmnd. No.1575.

Antarctica case (United Kingdom v. Argentina), Order of March 16, 1956, I. C. J. Reports 1956.

Cases concerning Land Reclamation by Singapore in and around the Straits of Johor (Malaysia v. Singapore), Provisional Measures Orders of October 2023, 126 ILR.

(四) 网络文献

Agreement under the United Nations Convention on the Law of the Sea on the Conservation and Sustainable Use of Marine Biological Diversity of Areas beyond National Jurisdiction. https://treaties. un. org/Pages/ViewDetails. aspx? src = TREATY&mtdsg _ no = XXI-10&chapter = 21&clang=_en.

CLCS. Commission on the Limits of the Continental Shelf (CLCS) Outer Limits of the Continental Shelf Beyond 200 Nautical Miles from the Baselines: Submissions to the Commission: Submission by Republic of Chile. https://www. un. org/depts/los/clcs _ new/submissions _ files/submission_chl_89_2022.htm.

CLCS. Submissions, through the Secretary: General of the United Nations, to the Commission on the Limits of the Continental Shelf, pursuant to article 76, paragraph 8, of the United Nations Convention on the Law of the Sea of 10 December 1982. https://www.un.org/Depts/los/clcs_new/commission_submissions.htm.

Court of Justice of The European Union. Presentation. https://curia.europa.eu/jcms/jcms/Jo2_7024/en/.

Declaration on Principles of International Law concerning Friendly Relations and Co-operation among States in accordance with the Charter of the United Nations, UNGA Resolution A/RES/25/2625, 24 October 1970. https://un-documents.net/a25r2625.htm.

Divisions for Ocean Affairs and the Law of the Sea. Settlement of Disputes Mechanism. https://www.un.org/Depts/los/settlement_of_disputes/choice_procedure.htm.

EU. Treaty on the Functioning of the European Union. https://eur-lex.europa.eu/EN/legal-content/summary/treaty-on-the-functioning-of-the-european-union.html.

Joost Pauwelyn. The MPIA: What's New? https://ielp.worldtradelaw.net/2023/02/the-mpia-whats-new-part-ii.html.

Permanent Court of Arbitration (PCA). Optional Rules for Arbitration of Disputes Relating to Outer Space Activities. https://docs.pca-cpa.org/2016/01/Permanent-Court-of-Arbitration-Optional-Rules-for-Arbitration-of-Disputes-Relating-to-Outer-Space-Activities.pdf.

Statute of the International Tribunal for the Law of the Sea. https//www.itlos.org/fileadmin/itlos/documents/basic_texts/statute_en.pdf.

The Institute of International Law, Regulations on the Procedure of International Conciliation. https://www.idi-iil.org/app/uploads/2017/06/1961_salz_02_en.pdf.

UN. Preventive Diplomacy: Delivering Results. https://peacemaker.un.org/sites/peacemaker.un.org/files/SGReport_PreventiveDiplomacy_S2011552%28english%29_1.pdf.

UN. Antarctic Treaty. https://treaties. unoda. org/t/antarctic? _ gl = 1*
1grf7x5* _ ga* MTExMjk2MDk5My4xNjg5NzM0ODQ1* _ ga _ TK9B
QL5X7Z* MTcyNDEzODc1Ni40OS4xLjE3MjQxMzkxNjEuMC4wLjA.

UN. Guideline for Effective Mediation. https://peacemaker. un. org/
guidance-effective-mediation.

United Nations. Manila Declaration on the Peaceful Settlement of
International Disputes. https://legal.un.org/avl/ha/mdpsid/mdpsid.html.

WTO. GATT 1948-1995 (Volume II). www. wto. org/english/res _ e/
booksp_e/gatt4895vol12_intro_e.pdf.

WTO. The Appellate Body. www. wto. org/english/tratop_e/dispu_e/
appellate_body_e.htm.

索引
INDEX